指南针

负 责 指 北

結果を出すリーダーほど
こだわらない

不要只问结果

如何打造一支
灵活应变的团队

[日]山北阳平 著　　曹倩 译

天 地 出 版 社 | TIANDI PRESS

图书在版编目（CIP）数据

不要只问结果：如何打造一支灵活应变的团队 /
（日）山北阳平著；曹倩译 . —成都：天地出版社，
2020.9
　ISBN 978-7-5455-5811-1

　Ⅰ.①不… Ⅱ.①山… ②曹… Ⅲ.①企业管理—组
织管理—研究 Ⅳ.① F272.9

中国版本图书馆 CIP 数据核字（2020）第 115661 号

"KEKKAWO DASU RI-DA-HODO KODAWARANAI" by Yohei Yamakita
Copyright © 2019 Yohei Yamakita
All Rights Reserved.
Original Japanese edition published by FOREST Publishing, Co., Ltd.
This Simplified Chinese Language Edition is published by arrangement with FOREST Publishing,
Co., Ltd. through East West Culture & Media Co., Ltd., Tokyo

著作权登记号　图字：21-2019-538

BUYAO ZHI WEN JIEGUO: RUHE DAZAO YIZHI LINGHUO YINGBIAN DE TUANDUI

不要只问结果：如何打造一支灵活应变的团队

出 品 人　杨　政
作　　者　[日]山北阳平
译　　者　曹　倩
责任编辑　王　絮　霍春霞
封面设计　古涧千溪
内文排版　冉冉工作室
责任印制　葛红梅

出版发行　天地出版社
　　　　　（成都市槐树街 2 号　邮政编码：610014）
　　　　　（北京市方庄芳群园 3 区 3 号　邮政编码：100078）
网　　址　http://www.tiandiph.com
电子邮箱　tianditg@163.com
经　　销　新华文轩出版传媒股份有限公司

印　　刷　河北鹏润印刷有限公司
版　　次　2020 年 9 月第 1 版
印　　次　2020 年 9 月第 1 次印刷
开　　本　880mm×1230mm　1/32
印　　张　6.5
字　　数　144 千字
定　　价　48.00 元
书　　号　ISBN 978-7-5455-5811-1

能够存活下来的物种，既不是那些最强壮的，也不是那些智力最高的，而是那些最能适应环境变化的。

——达尔文

『介入式管理术』
实践者的声音

机械贸易公司董事：产生经营者意识，销售额大幅提高

作为"介入式管理术"的参与者，3名优秀的销售意识到企业运营的重要性。他们在确立了经营者的价值观后，促进了销售额的大幅提高。

餐饮加盟店店长：打工者的意识改变，店铺业绩居于全国前列

通过"介入式管理术"，店内打工者的意识改变了。在为客人提供服务时，他们能够更好地进行菜品推荐，每桌的点单额有所提升，并最终使店铺业绩在全国名列前茅。

个护机构理事长：员工工作方式改变，经营摆脱赤字

员工的服务方式及应对各类问题的方式发生改变，得到越来越多病人家属、医院、专业护理人员的好评，入住率得以提高，并顺利摆脱经营赤字。

制造业部长：以新的价值观解决问题

以前工厂各部门并未做到通力协作，但自从引入"介入式管理术"后，全体员工都形成了向着同一个目标努力的价值观，多年没能解决的问题得以顺利解决。

机械制造业开发设计科科长：个人意识演变为组织意识

我的下属们曾是各自为政的技术人员，经过培训，他们认识到了以组织而非个人的形式推进研发的重要性，并能够有组织有意识地投入到工作中。

系统开发公司系统技术部主管：成功摆脱了固化思想

曾一直认定要在人手充足的条件下通过加班才能完成工作的经理，如今开始思考如何才能在现有的人手下不用加班便能完成工作。

通信设备贸易公司经理：在行业持续衰落的大背景下，收益连破历史纪录

曾因看到了这个行业的衰落而对业界的未来感到不安，后来通过引入"介入式管理术"得以在新领域找到了商机。如今，我们的

收益连破历史纪录。

制造厂负责人：成功完成了超出生产能力的订单

曾经如果有超出工厂生产能力的订单，我们只能拒绝接单。但如今我们通过"介入式管理术"提高了生产力，并且加班时间也有所压缩。

补习班经营者：改变了想法，获得了更多好评

因为采用了"介入式管理术"，我们这里的补习班老师对待学生的态度转变了。学生成绩有所提高的同时，我们也获得了更多家长的好评。

研发部门项目组组长：原本难以推进的项目得以顺利展开

通过"介入式管理术"，原本一直难以推进的研发项目得以顺利展开。并且，成功开展了高层布置下来的新产品研发工作。

教育集团社长：主管负责推进已有业务，我可以开拓新业务

创业以来，都是我一个人维持着经营。自从价值观转变的经营主管成为我的左膀右臂后，他就能够自主推进业务了，我能够把更多精力放在开拓新业务上。

汽车经销商店店长:"下属的成长便是自己的成绩"这一意识的转变使我们店跃居全国前列

以前我只关心自己的成绩,"介入式管理术"使我的价值观转变了,我意识到下属取得的成绩其实与自己的成绩挂钩。于是,我开始把指导下属当作分内的事情,我们店开始在全国名列前茅。

树脂加工工厂部长:曾经理所当然的加班变成了"零加班"

以前,我们的工作方式有问题,因此堆积了许多工作,并形成加班是家常便饭的状态。随着我们价值观的改变,如今我们已经实现了"零加班"。

食品制造厂制造科科长:如今没有女员工就找不到最合适的解决办法

因为价值观的转变,女员工开始积极地参与解决问题的讨论。如今,没有她们,有时候我们都找不到最合适的解决办法。

在这个瞬息万变的时代，谋求生存必不可少的能力是什么

　　首先，在这里我要感谢各位读者阅读拙作。本书不单单面向企业的经营者，只要你有下属或是员工，哪怕只有一个员工，相信本书也会为你提供帮助。这是一本当今时代必不可少的经营管理指导书，可为读者提供非常实用的思考方式和实践方法。

　　我冒昧地提一个问题：你所在的公司、部门、团队或店铺，近几年是否受到了网络、人工智能技术，抑或全球化、业界重组等外部环境的巨大影响？

　　影响程度可能各不相同。可能有些企业或团队的领导者会自认为"幸运"地说："啊，我们好像并没有受到什么影响。"这只能说明这位领导者可能比较迟钝或者装作没注意到，又或者他所在的企业刚好属于受

保护的行业。

　　几乎可以说，最近几年没有几个企业或团队不受外部环境剧烈变化的影响。正如各位读者所了解的，在当今这个时代，企业无论规模大小都面临着破产、裁员等各种巨大的风险。此前的做法、常识在当今这个时代已然无法照搬照用。

　　我认为技术迅猛发展、环境剧烈变化的动向还将继续，甚至会半永久地持续下去。为了能在这样一个快速变化的时代生存下去，我们必须拥有一种能力——应对变化的能力。个体自不用多说，企业、团队等也需时刻顺应环境的变化而变化，并拥有能够应对变化的能力。若不具备这种能力，就会被变化的浪潮吞噬，这些企业或团队必然被市场淘汰。并且，从属于这些企业或团队的个人也将会失业。

当你开始觉得"这样下去不行"的时候，应该如何应对

　　虽然由我这样一个写书的人来说这句话有些难为情，但我想通过下面这个例子说明行业现状。

　　据说现在出版行业整体都很艰难。在还没有出现网络和智能手机的时代，日本大街小巷到处都有书店。那时，很多人去书店都是为了寻找从电视或电台节目上获取不到的信息等。随着网络书店的兴起，实体书店的数量每年都在减少。电子书出现后，人们开始认为"看书不一定非

要看纸质书"，这意味着消费者的观念已经转变了。

为了应对这些变化，书店开始想尽办法吸引顾客，比如举办各类活动、推出"书店＋咖啡馆"的模式，以及增设文创产品销售区域。

另外，因书店数量的减少，以书店为客户的图书批发商及出版社必然受到影响。特别是负责向书店卖书的部门，因为客户的数量不断减少，想提高销售额可谓难上加难。估计不少出版社都是好不容易才维持住了上一年的业绩水平。说句比较极端的话，如果拿不出应对策略，即便出版社本身留存下来，向书店卖书这份工作可能也会不复存在。

不单单是出版行业，事实上如今很多行业都处于这样一种大环境中。如果某个行业不具备应对变化的能力，这个行业的规模可能就会不增反减，甚至逐渐被市场淘汰。

那么，我们究竟应该如何应对呢？这就需要我们看清外部环境的变化，并发起新的挑战。如果不勇于尝试和目前所做的工作不同的工作模式，挑战新事物，那么毫无疑问早晚都会被淘汰。

"应对变化的能力"的根本

当我们直面危机时才开始挑战新事物，其实已经来不及了。之所以这么说，是因为这并不是到了危机边缘才开始考虑做或不做的单纯问题。应对变化的能力（等于挑战新事物的能力）绝非轻而易举就能掌握。因此，从现在开始必须培养这种能力。而这种能力与每个人的价值观有关。若一个企业或团队想拥有这种应对变化的能力，那么作为企业或团队负责人、领导者的你，就要将下属、团队成员的价值观改变成你所期望的样子，引导他们的行动。

本书将为大家具体介绍如何改变下属或团队成员的价值观，并引导他们的行动。人的价值观和行为不可能仅靠随便几句话就改变。特别是，尽管社会大环境已经改变，但仍有不少领导者或团队还沉浸在过去的成功经验中。所以想要改变这种价值观，绝非一蹴而就的事。

确实，对于一个领导者或一个团队来说，必须有自己的"坚持"；但为了顺应变化和发展，有时必须舍弃一些"坚持"。那么，究竟该在什么时候取舍，又该如何取舍呢？

如果平时就没有以新的价值观挑战新事物的习惯，那么一旦遇到紧急事态根本就来不及。此外，要改变下属或团队成员的价值观，引导他们的行动，就需要采取一些步骤和策略。本书将采取易懂而详尽的方式为各位读者介绍如何采取这些步骤和策略。

本书将为大家介绍的是以 NLP（Neuro-Linguistic Programming，神经语言程序学）及行为分析学为科学依据，任何人都能够使用、具有高度再现性的企业管理方法。

本书将对这种方法的精髓和技巧进行详细的解释说明，具体内容如下。

第一章，以害怕"变化"的团队为何会被淘汰为主题，结合社会背景以及我作为经营顾问在诸多企业所见到的现实情况，为读者说明应对变化能力的重要性。

第二章，以应对变化能力的根基——"价值观"是如何形成的这一关键语为主题，通过科学的依据和真实的案例，针对价值观的形成机制、价值观对人类行为的影响这两方面展开详细的论述。

第三章，为了让下属或团队成员掌握应对变化的能力，第一步就是要改变他们的价值观。本章具体介绍为了改变下属或团队成员的价值观，如何进行"环境设定"和"行为引导"。

第四章，掌握应对变化能力的下一步——切实感受成功，并介绍形成新的价值观的方法。

第五章，介绍我研发的让下属将一项工作尽心尽力负责到底的方法——"介入式管理术"。

第六章，具有实践性地为读者介绍如何运用"介入式管理术"打造一支善于应对变化的团队。

第七章，列出善于应对变化的团队的领导者必须具备的条件。

第八章，具体介绍成功转型为善于应对变化的团队的案例，并说明打造这样一支团队的具体方法。

本书将为各位读者介绍的经营管理法，不论你从事何种行业或职业，不论你的员工具备什么样的能力以及领导者有什么样的性格，你都能够掌握，并且有九成的实践者最终取得成功。

即便突然发生意料不到的事情，只要掌握了这个方法，就能够灵活应对，并最终成为胜出的团队。我相信这个方法一定能够对各位读者有所帮助。

Contents 目录

Chapter 05
第五章 "介入式管理术"
——让下属将行动进行到底的方法

Chapter 06
第六章 如何通过"介入式管理术"
打造善于应对变化的团队

第一章

畏惧"变化"的团队终将被淘汰

变化不断加速，无法预知未来的时代已经到来

如今，我们所处的商业环境的变化日益加速。科技以我们过去连想都不敢想的速度在飞速进步，诸多创新技术得以实用化。受惠于科技的进步，现在越来越多的事情都可以轻而易举地实现。

我从事咨询顾问这份工作需要经常出差。现在从我住的爱知县到客户那里，只要有一部智能手机，我就可以轻松地出行。我提前确认好对方的地址和最佳路线，并预约好新干线。早晨从家里出发，在离家最近的车站坐上电车，到达名古屋站后立刻就能坐上要坐的新干线，之后出站和坐出租车都通过电子的方式支付。直到到达客户那里我走的都是最近的路线，途中完全不需要拿出钱包付现金。

上述这种出行方式如今已经司空见惯，但在我还是学生的时候，从出家门到到达目的地所需要做的准备和花费的精力可是相当多的。

如今，我们的生活之所以如此便利，是因为每天都有各种各样的设想出现，而通过将我们的生活变得更便利，以此获利的行业应运而生，并且这些行业也在不断地发展、变化。

一方面科技迅猛发展让我们的生活变得越来越便利，另一方面我们的某些行业受老龄化的影响，人手不足的情况越来越严重。我的一个朋友从事 M & A（Mergers and Acquisitions，企业并购）的咨询顾问，他告诉我以前几乎从未出现过"因人手不足导致失业危机"，但现在以此为理由委托他卖掉公司的人越来越多。

即便是以前大家都很想进入的大型电器制造商社现在也时不时会陷入经营困难之中。曾经以绝对稳定而颇为自豪的大型金融机构如今也宣布将大幅削减员工。

我的上一份工作跟手机与电脑的销售有关，但现在手机和电脑的市场已经完全被外国企业占据了。一想到如果当初我没有换工作，现在将处于何种境地，我就感到自己被恐惧包围着。

可以说，现在已经进入了一个人们连短时期内将会发生什么都无法预知的时代。

在这样的大环境下，如果仍然坚持此前的常识或做法，即便眼前还能撑过去，或许几年以后，自己公司的经营模式就会被淘汰，仿佛被巨浪吞噬一般失去市场。

事实上，曾经没有引起足够重视的供应方的环境也发生了变化，此前的合作方式已经行不通了。甚至有些企业因为采购不到材料而无法顺利营业。

在线上的市场营销中，曾经的主流是对网页的点击量和浏览时间的数据进行分析，但现在已经连什么人在哪个网页浏览了多少次都可以锁定了。网络会自动筛选出具有很高购买可能性的用户，并将这些用户的信息反馈给销售，甚至还出现了充分利用市场营销自动化这一手段的销售团队。

可以预见，今后能够锁定有更大购买兴趣和购买概率的顾客后再进行产品销售的团队，与仍然仅依靠传统的广告传单和媒体进行宣传的团队之间会产生巨大的差距。

AI 的出现，便利与挑战并存

　　众所周知，现在就连我们平时去的小便利店都开始采用自动化结账技术了。自助结账机的引入使得人力成本降低，在人员调整上花费的工时大幅减少，非常有利于提高生产率。位于我家附近的服装品牌 GU（极优）的门店也大规模地引入了自动结账机。在此之前，每到周末结账柜台前总是会排起长队，门店需要安排十几名员工负责结账；但现在因为自动结账机的引入，结账的地方只需要两名员工就足够了。

　　酒店的入住办理和机场的登机手续等自动化也在不断发展。以前办理这些手续时还需要花时间与精力跟前台或登机柜台的工作人员进行一番交涉，但现在这些工作甚至都不需要人来完成了。

　　当然，引入设备也会产生费用支出，但由此节省下来的不仅仅是人工费，还包括招聘收银员的成本、维持经营的成本、培训员工的工时、调整排班的工时以及计算账目的工时等，考虑到这些就会发现引入先进设备有很多好处。

AI（人工智能）不但在医疗、司法、金融等领域被引入，而且也在我们的日常生活与工作中被不断引入和使用。利用 Siri（Speech Interpretation & Recognition Interface，苹果语音助手）等回答日常问题的方式已经被诸多企业引入。曾经负责解决公司内部电脑或系统问题以及规章制度咨询的是总务部门或系统支持部门，但现在越来越多的企业开始用 AI 替代这些部门。

今后，拥有庞大数量商品的商社等，也会淘汰依靠员工的知识和经验选择商品推荐给顾客的方式，而改用通过 AI 咨询挑选更适合顾客的商品的方式。人都有自己擅长和不擅长的领域，但 AI 技术没有擅长与否的区分。因此，商社很有必要运用 AI 技术。如果某些商社不能很好地应用 AI 技术，那么依然会出现擅长与不擅长的区分，这样随着业务的展开，这些商社便会与能够灵活运用 AI 为顾客提供更切合需求的提案的竞争对手拉开差距，并有可能失去市场。

最近我看到了引发热议的大型金融机构因采用机器人技术、RPA（Robotic Process Automation，机器人流程自动化）技术而削减员工的新闻。事实上，许多企业已经着手引入 RPA 技术了，以此削减事务性工作的工时。比如，纸质文件数量众多，那么输入电脑的工作量便十分巨大。此外，每个企业都有不同程度的计算工作，从一个 Excel 转到另一个 Excel 的工作量不容小觑。

通过采用 RPA 技术和 OCR（Optical Character Recognition，光学字符识别）技术，我们很容易完成从纸质到电子版的转换，节省了很多人力成本。而且 AI 的优势是工作再长时间都不会疲劳，并且不受劳动法的约束。可以预见的是，如果今后技术革新进一步发展，那么仅依靠人海战术开展事业的企业和采用 RPA 技术的企业之间将在速度、精度等方面拉开不小的差距。

毫无疑问，上面为大家介绍的市场营销自动化、自助结账机、AI 技术、RPA 技术等今后会越来越多地应用于商业中。之所以我敢这样断言，是因为对于企业来说这样做的好处数不胜数。

当然，光把一套系统拿过来用是不行的，还必须考虑人们如何接受这套系统并真正运用起来。

我们现在所处的时代，已经可以预见未来技术的革新及其带来的巨大好处。如果一个公司没有采用新技术、新方法，而继续沿用以前的技术或方法，那么这个公司很有可能在今后的商业环境中无法生存。

能够灵活应变的团队才能生存下来

为了能够在今后的时代生存下去，企业必须时刻获取市场、新对手、供应、物流、政治、人才保障等方方面面的新信息，并且要顺应环境的变化不断调整团队的组织体制。

在以前所未有的速度发展的商业环境中，企业之前的价值可能瞬间就会过时，甚至不再被市场需要。这就要求企业领导者能够依据大环境对所领导的团队进行变革，带领团队创造出新价值。一个企业领导者不论过去拥有怎样的成功和经历，倘若不能顺应时代的变迁构建新的组织体制、创造出新价值，便无法一直待在那个位置。

现在是争分夺秒的时代。为了守住自己的生活，为了使企业生存下去，就必须打造一支能够灵活应变的团队。今后的企业将需要整支团队都能够灵活应变。

一直以来，许多人都认为在一个团队当中"一件事情只需要负责的人去做，不用负责的人就不用做"。这是因为在这种状态下团队足以完成企业所追求的业绩或成果。但可以预见的是，在今后的时代省人化将日趋发展。这样一来，团队成员将被要求掌握多方面的工作技能。

此前，有些员工会把"因为不擅长所以不想做"作为理由，这种想法是个人的价值观导致的，但今后这种价值观将不再适用了。在企业的成长期，需要在确保有足够的人才的环境下开展业务，这时企业会推行岗位分工和专业化分工制度。而企业进入成熟期后，往往无法更进一步地吸收人才了，在这样的环境下，为了保证利益，企业便会加速推进省人化和一工多能化。

外部大环境正在以超越以往的速度变化着。一个企业或团队如果是由无法应对环境变化的成员组成的，将无法取得成功。在如今招聘困难的大环境下，企业员工或团队成员的更替绝非易事。但如果置之不理，企业或团队的实力将会越来越弱。因此，这需要现有的企业员工或团队成员能够做到应对变化，领导者能够构建可以应对变化的团队。

可能大家觉得，如今只有强大的团队才能生存下来，但其实并非如此。达尔文在进化论中曾说过这样一番话："能够存活下来的物种，既不是那些最强壮的，也不是那些智力最高的，而是那些最能适应环境变化的。"在商业世界里亦是如此。

即便是在商业世界里，也并不是说基础庞大的企业就可以高枕无忧了。即便集结了各类能力出众、知识储备丰厚的人才，也不一定能够胜出。最重要的是要时刻留意环境的变化，思考应对策略，并真正实施下去，这才是能够在商业世界中生存下去所必须做的事情。

测试一下你的团队能否应对变化

现在你所带领的团队或团队成员能否做到应对变化呢？在思考这个问题之前，你要先考虑一下，你是一个能够应对变化的领导者吗？为了得到这个答案，我准备了一个问题。

想象一下，当你向你的团队成员做出下面这个指示时，事情会如何发展。

"受近年来市场的影响，我们公司这几年越来越难以保证收益了。因此，高层下达了削减成本的指示。我们部门每年必须削减 5% 的成本。请大家互相帮助，削减自己所参与工作的经费。"

当你把上述指示传达下去时，你的团队会如何开展工作呢？你要在团队成员中选定一个负责完成削减成本这项工作的负责人，并以这个人为中心完成下列工作：

◎将过去的经费项目细分化；

◎找出可能进行经费削减的项目；

◎设定削减目标和期限；

◎设计与各个经费项目相关的会议；

◎讨论今后的经费花销，设定经费削减的方案；

◎落实具体的行动计划；

◎选定相关工作的负责人；

◎将工作计划的推行状况和成果状况可视化；

◎定期对工作进行评价并在此基础上调整有关工作；

◎为了按期完成目标，持续在团队内推行有效方案并不断改善方案。

如果你能够想象到自己的团队可以做到上述这些事情，那就证明你是一个率领着优秀团队的领导者。面对上级下达的指示，一个团队如果能够积极响应并顺利开展工作，就证明这是一个善于应对变化的团队。

但是，很多团队是无法响应上述这些指示的。很多领导者在刚才那个问题上，可能首先会想到自己的下属在做事前会提出诸如"我不知道该怎么做""现在已经很不容易了，如果再增添负担，我们可就难办了""为什么必须削减经费呢？如果削减必要的经费，就会影响工作"之类的借口吧。

可以想象,有些下属虽然嘴上说着"我明白了,我会尽力试着做",但左等右等也不见他们有所行动。过一段时间再问他们,他们又会说"这件事情实在太难了,不好做啊"这样的话。

价值观不同导致团队无法应对变化

究竟为什么那么多团队无法按照公司的要求开展工作呢？根据我做了许多咨询顾问的经验，我找到了能够顺应变化的团队与固守不变的团队之间的差别。

团队之所以无法应对变化，是因为包括领导者在内的团队成员的价值观不同。所谓价值观就是指个人对事物价值的认知、理解、判断。每个人都拥有自己的价值观，而且即使是同一个人也具有多种价值观。个人成长的环境、时代不同，自然所拥有的价值观不同。所以，一个团队的成员不可能拥有同样的价值观。

价值观并不是一个物体，它虽然存在，但肉眼看不见。对于这个肉眼看不见的价值观，很多人平时根本不会意识到它的存在和功能。价值观拥有强大的力量，可以对人的行为产生巨大的影响。如果无法理解这一点并进行合理的管理，就无法打造一支可以灵活应变的团队。

无法应对变化的团队成员拥有无法应对变化的价值观，而能够应对变化的团队成员则拥有可以应对变化的价值观。为了顺应时代的发展，必须使团队成员拥有能够应对变化的价值观。

依靠切实可行的方法改变价值观

可能很多人会认为捕捉价值观并使其改变是一件不太困难的事情。事实上，通过改变价值观治疗心理障碍的心理医生或心理咨询师如果没有庞大的知识储备和足够的经验，根本无法取得治疗效果。

我自己花了很长时间通过实践心理学的 NLP、行为分析学，学会了改变行为的方法。所以我知道如果不具备特殊的条件，很难将心理学、行为分析学的研究直接应用在团队的转型上。

但是，即便没有心理医生或心理咨询师那样的技巧，其实也可以改变价值观。事实上，很多时候心理医生或心理咨询师所使用的方法并不适合商业环境。如果采用能够在企业或团队中发挥作用的方式进行实践，价值观是有可能被改变的。

我通过帮助企业或团队进行改革，改变了许多领导者和团队成员的价值观。而这些人的价值观会出现如下变化：

【变化前】重视个人责任的价值观

↓

【变化后】重视团队责任的价值观

【变化前】以外部环境为借口逃避解决问题的价值观

↓

【变化后】以把握企业内外的现状为核心，努力解决问题的价值观

【变化前】认为团队成员的技术提高取决于个人的努力的价值观

↓

【变化后】认为团队成员的技术提高取决于领导者的指导的价值观

　　价值观转变会引发人的思考与行动的转变，通过这种转变取得的成果远比仅学会具体做法取得的成果要大得多。因此，我在做指导时都会加入能够改变企业或团队价值观的诸多策略。

　　我在本书将为大家介绍我在做指导时采用什么方法改变价值观，以及取得了怎样的成果。

　　价值观转变所带来的变化和取得的成果是巨大的。并且，这种

方法可以应用在一切团队中。所以，请大家务必在自己的企业或团队中运用这种方法，尽早打造出一支可以应对变化的团队。

第二章

价值观是如何形成的

价值观的根源是"安全与安心的领域"

为了捕捉到价值观并改变它，首先必须搞清楚两个问题："价值观是如何形成的？""价值观的形成需要什么机制？"

我们并不是一生下来就立刻拥有了某种价值观。某些由基因决定的能力或特性是与生俱来的，而价值观则是后天受环境影响才形成的。

人出生以后，大脑会通过五感接收各式各样的信息。在这个过程中便会形成各种价值观。比如，婴儿会形成只要哭泣就能获得大人关注的价值观。我想大家应该都能够理解婴儿产生肚子饿想喝奶、想换尿布等需求时通过哭闹解决问题的这种价值观的形成机制。

人的本能被生存本能引导着，追求舒适，因此会不停地规避令人不舒服的事情。人刚出生的时候几乎只会睡觉、醒来和哭泣这几件事情。如果感觉到诸如肚子饿等身体的不适就只会采取哭这一种行为，这样做会获得安全与安心，所以婴儿为了获取所需要的安全与安心，根据以往的经验就逐渐形成了不舒服就哭泣的机制。也就是说，根据这个机制所选择的行为，人类能够获得在那个环境下的安全与安心。而根据价值观这种机制得到的安全与安心便被称为"安全与安心的领域"。

价值观个体差异的产生机制

一个人的价值观最初其实很简单，由单纯的机制形成，但随着年龄的增长便逐渐形成了复杂的价值观体系。

在童年时期，人会根据从家庭或其他环境中获得的经验，以"做什么样的事情对自己不好，做什么样的事情又能带给自己安全与安心"为基准，不断形成自己的价值观体系。在这个过程中，人还会形成自己在喜好方面的价值基准。

由于人与人所处的时代、环境，或是面对的机遇、时机等不同，所以各自的价值观体系便会产生差异。由于人无法控制自己所处的环境，所以价值观体系的形成具有一定的偶发性。也就是说，个人的价值观基准即便有相似的部分，也各不相同。

反复的经验打造价值观

童年时期受父母和家庭环境的影响，人会形成自己的价值观体系，其兴趣爱好或行为准则往往在父母认知的范围内。但在逐渐成为一个成年人的过程中，人的价值观体系便会随着自己所属的团体或集体的大环境而改变。因此，有可能形成父母未曾预想到的价值观体系。

为了便于大家理解价值观体系的形成，我举一个易懂的例子。比如在一个小学生所在的团体中，某个动漫角色成为大家热议的话题。这个团体中的很多人都很喜欢这个动漫角色，周末大多数人都去参加了与这个动漫有关的活动，但这个小学生不太感兴趣，所以没有参加。之后，大家经常会热烈讨论关于那场动漫活动的话题，于是这个小学生感到自己与大家疏远了。由于担心自己无法融入团体，即便自己不喜欢，这个小学生还是会配合大家而采取行动，通过重新构建自己与集体的关系消除了疏远感。这次经历很有可能使这个小学生形成"配合集体就可以保证自己的安全与安心"的价值观体系。

但有时也会出现另外一种情况。这个小学生很担心自己的"不合群"，无法忍受这种与大家疏远的感觉而最终做出不去上学的行为。这样一来，他可能会形成"以不去上学的方式逃避与集体的疏远感，以此获得安全与安心"的价值观体系。

虽然上面这个例子有些极端，但无论是哪种情况都能帮助我们理解出于自己的安全与安心的考虑，新的价值观体系的形成过程。

人会选择符合自己价值观的想法与行动

在上面举的例子中，"不想感受到与集体的疏远"的价值观与"配合周围的人"的价值观重叠形成。今后无论这个人在哪个集体中，他都很有可能选择配合周围人的想法与行动，以此守护自己的价值观。

另外，如果"不想感受到与集体的疏远"的价值观与"只要远离集体就不会感受到疏远"的价值观重叠形成，那么今后这个人很可能选择"置身于集体之外"这样的想法与行动。

在这个例子中，两种不同的价值观究竟孰优孰劣，我无法断言。如果你认为前者的价值观体系更好，而后者的价值观体系不好，那么这正是决定了你的想法与行动的价值观体系。

如上所述，我们会在各种经历中形成各式各样的价值观体系，而这些价值观体系的积累与重叠使我们采取符合自己价值观的判断和行动。

虽然无法改变自己，但可以改变他人

关于价值观体系的形成过程，有一点希望大家注意：无论是个人还是集体，价值观体系都会"受他人的影响而发生变化"。

许多书籍或讲座都会说"虽然我们无法改变他人，但是我们可以改变自己"。但我对此却有截然不同的看法。正如我刚才解释的价值观体系是受到"他人的影响"才发生变化的。因此，我认为"自己改变自己不容易，反之，影响并改变他人更切合实际"。如果自己能够改变自己，那么应该有很多人已经变成自己所向往的样子。但现实是很多人即便想改变自己也改变不了，这不正印证了我的想法吗？更何况，假如身处一个让自己感到安全与安心的环境中，我们很难想到改变自己。

人的意志拥有强大的力量，会给我们的想法与行动"踩刹车"，即便暂时有所改变，但最终仍会回到原样。

事实上，人的大多数改变都是受了他人的影响。人们会受到父

母、兄弟姐妹、老师、长辈、朋友、上司、伟人、演艺圈人士等他
人的影响而改变，有时甚至会受到动物的影响。关于"只有受到他
人的影响，我们才能改变"这件事，如果有影响力的人没有正确的
认知或不能进行正确的引导，就无法使对方朝着正确的方向改变。

人的很多变化都是由他人的偶发性介入造成的，但是在企业的
团队中，一个有巨大影响力的领导者如果具备正确的价值观，并采
取有效的手段，就能将下属引导到正确的方向上。也就是说，领导
者可以让下属改变。事实上，我指导过的很多领导者都成功地让团
队和下属朝着自己所期望的样子发生了改变。为了达到这个目的，
需要进行以下四个步骤：创造打破以前价值观的"环境"；为了获
得新的安全与安心而"引导行动"；让下属从新的行动中"切实感
受成功"；通过反复操作前三个步骤，让新价值观体系下的想法与
行动"根深蒂固"（新价值观体系的形成）。

关于这四个步骤及其实践方法，我将在下一章为大家介绍。

第三章

设定环境，引导行动

价值观转变的四个步骤

我们先来回顾一下上一章为大家举的那个小学生价值观转变的例子。

在新的价值观体系形成前的一个阶段，有"不想感受到疏远"这个价值观体系的存在。按照以往的经验采取行动后，却产生了无法保障安全与安心的环境变化。最终，为了应对环境的变化，人会选择采取新的行动，于是新的价值观体系就形成了。这是价值观体系形成过程中的主要步骤。我们将这个过程系统地总结如下：

①出现了打破旧有价值观体系保护下的安全与安心领域的环境（环境设定）；

②为了规避不舒服的状态，获得新的安全与安心领域而有所行动（行动引导）；

③从新的行动中获得保障安全与安心领域的新价值观体系（实际

　　感受成功);

　　④新价值观体系下的思考与行动 (新价值观体系的形成)。

　　价值观体系就是在这样的过程中形成的。由此我们可以知道，首先我们需要的是打破此前保障我们"安全与安心领域"的价值观体系的环境。从"过去的价值观体系无法再保障安全与安心"的危机感中，人会为了规避不舒服的状态，获得新的安全与安心领域而采取行动。

打破过去"安全与安心领域"的简单方法

我们来看一个我在指导过程中遇到的案例。

一次研修课结束后，我给听讲者布置了一个研修课题，我要求听讲者："在下周一 17 点前，通过邮件将完成的课题交给我。"之后，听讲者能否按时提交研修课题取决于他们的价值观体系。

全员都能够按时提交研修课题的企业或团队，拥有"必须遵守按时提交研修课题或其他材料的规则"的价值观。但是，很多企业在提交研修课题的时候，总会有几个人不交（偶尔也会出现所有人都不交的情况）。这种情况下，没有提交的人的价值观体系便是"即便不交也能够守住自己的安全与安心领域"，于是采取适用于原来的环境的行动。

我又设置了一个新的环境。由于过去多次遇到这样的情况，所以我有了一定的对策。对于那些逾期未交研修课题的人，我会直接联系他们本人，然后追问："为什么没有提交研修课题？什么时候能补交上来？为了下次不再出现同样的问题，该怎么做？"有时我还会提前联系他们的上级，让他们的上级提醒他们还没有提交研修课题这件事。

可能会有人疑惑："只做这点儿事情就可以了？"至少从我所指导过的研修人员来看，仅仅做这些事情就能够让很多人提交课题。

那么，为什么只做这些事情就有效果呢？正如我之前所介绍的，这是因为我设置了一个打破对方旧有价值观体系保障下的安全与安心领域的环境。

提到"环境的变化"，人们往往容易联想到地球变暖或者金融危机等巨大的环境变化，其实环境只要有一点儿变化，就能够打破旧有价值观体系下的安全与安心领域。

虽然这样能让对方采取与以往不同的行动，但在让对方采取新的行动时，如果对方没有正确理解价值观体系，就会造成失败。当以往的价值观体系无法继续保障安全与安心领域时，人们为了追求新的安全与安心领域，会采取强有力的行动。但是，如果这个行动没有朝着正确的方向发展，很有可能形成和预期不同的价值观。因此我们必须引导对方朝着正确的方向采取行动。

为什么曾经成功的人，如今却失败了

人的行为基本上都是为了追求安全与安心而产生的，如果不能改变行动的方向，就无法形成新的价值观体系。人在追求"安全与安心"时做出的行动主要有以下两个方向：

①选择已有的价值观体系；
②守住现在的安全与安心领域。

采取以上两个方向的行动，是很多人无法应对变化的原因。我们分别来看一看导致很多人无法应对变化的这两个原因。第一个原因是行动的方向"选择已有的价值观体系"。为了让大家更好地理解，我用下面这个案例说明。

有一位餐饮连锁店分店的店长，起初他在店里实习，慢慢成为正式员工，在进入公司 5 年后被委任为店长。从他的上一任店长开

始，只要店里忙不过来，店长就会率先为自己多排班，以缓解店里
人手不足的压力。虽然这位店长不太善于与人交流，但由于他有很
强的责任感，并且工作态度认真，所以得到了总部领导的赏识并被
提拔为店长。就在他当上店长一年逐渐开始适应店长的工作时，问
题出现了。这家店的顾客满意度评价出现了下滑。尽管营业额并没
有下跌，但是总部的督察员总会指出店里的卫生和服务态度问题。
之所以会出现这样的问题，是因为此前长期在这家店实习的好几名
大学生因为毕业而辞了职，店里招了一批新人，新老员工的交替没
能很好地进行。

在用餐高峰时段，这家店经常需要向其他店请"外援"帮忙，
否则就忙不过来，因此总部的督察员对这家店的经营状况产生了很
强的危机感。总部督察员对这家店的店长指示道："为了保证必要
的人手，请抓紧招人。此外，对现有的员工开展服务意识的培训，
并按照员工手册进行打扫卫生方面的指导。"

虽然指示下达了好几次，但店里总是以"太忙了"这样的理由
推托，导致问题始终得不到解决。无奈之下，督察员便亲自前往店
里检查经营状况。他发现这家店的店长总是在店里加班，加班时间
远远超出规定时间。所以，之前督察员多次指示店长完成的工作就

这样被耽误了。

了解情况后，督察员严厉地指出了这个店长的问题："你要做的是承担起店长的责任，改善店铺的经营状态。像现在这样总是在店里忙前忙后，你什么时候才能对员工进行培训，开展招聘工作呢？"

即便如此，这位店长依然坚称："因为店里实在人手不足，太忙了，所以只能我自己来做了。"

之后由于店里的经营状况始终未能改善，营业额不断减少，这名店长被总公司判定为不胜任店长职位，被调到了其他店的厨房工作。

这位店长并没有在工作上偷懒，工作得并不轻松，甚至和以前比起来加班时间已经远远超过了规定，一直超负荷工作着。

这位店长在打破了旧有价值观体系保障下的"安全与安心领域"的环境出现后，为了能够继续保障安全与安心而采取了强有力的行动，但他搞错了行动的方向。

这位店长行动的能量来自过去自己在当上店长前获得的良好评价，并由此产生了获得安全与安心的经验，所以他便采取符合自己价值观体系的行动。由于以前这位店长越努力就越会获得他人的感谢与好评，他的安全感与安心感得到了满足，因此他就会朝着那个方向更加努力。但是，过去作为店里员工所处的环境与如今身为一店之长所处的环境不同，被要求完成的目标自然也不一样，不论他在当上店长后多么努力地干活儿，他都无法完成应完成的目标。无法应对变化的店长最终只能被解职。

为什么工作认真、富有责任心的人却获得负面评价

正如上面这个例子中的店长，许多人都因为朝着错误的方向不断努力而无法应对变化，无论他们再怎么咬牙坚持、拼命努力，都无法获得好评。我接触到的这类人往往都会获得他人比较负面的评价，比如"他做事情确实认真有责任心，但是……"。

获得好评而不被他人奚落的人往往也都是做事认真、富有责任心的人。我身边那些优秀的商务人士都是认真而极具责任心的人。他们在被他人评价为"做事认真、富有责任心"的同时并不会出现话锋一转的负面评价。

那么，同样是认真、富有责任心，获得负面评价和获得好评的人之间到底存在什么差距呢？这个差距就体现在他们所拥有的价值

观体系不同。如果是做生意，由价值观体系决定的"行动方向"会导致取得的业绩大不相同。

同样都认真、富有责任心，获得好评的人与获得负面评价的人都同样努力，他们之间也不存在能力上的差距，仅仅是价值观体系不同导致的行动方向不同，就会使他们的人生形成差距。无法根据自己所处的现状形成新的价值观体系的人，便无法继续守护自己追求的安全与安心的领域。

引导以过去的价值观做事情的人做正确的事情

选择以错误的方向行动的人在价值观上往往有以下几个特点：

◎只要自己努力，问题总能解决；

◎只要自己忍耐，就能渡过难关；

◎自己只能做这些事情；

◎自己没法做别人那样了不起的事情。

那么，对于拥有上述价值观的人，该如何引导他们的行动呢？

　　将行动的方向朝着过去的价值观体系靠拢的人往往都是过去的经历较少，价值观体系只在有限的环境中形成的人。这样的人往往倾向于仅在自己过去狭窄的环境或经验中选择行动的方向，正因如此，他们无法朝着新的方向采取行动。

　　对于这些以旧有价值观体系行动的人，我们要想引导他们做出正确的行动，最有效的方法便是由我们决定该做什么。

　　虽然让他们按照我们的引导去行动会花一些时间，但他们本身认真而富有责任心，只要他们开始行动，便会一直坚持下去，新的价值观体系形成的速度往往会很快。如果能够正确引导，这些人都会成为具有无限可能的人才。

即便说谎也要守住当下安全与安心领域的人

接下来，我们来看看无法应对变化的人的第二个原因：倾尽全力"守住现在的安全与安心领域"。在这里，我打算先为大家介绍一个相关的案例。

这是我参与某企业的销售培训时发生的事情。

事前，我与该企业高层通过培训的形式将设定好的销售活动计划落实了下去。当然，我们设定的销售活动计划与该企业之前奉行的做法不同，是一种新做法。如果接受培训的员工无法适应新做法，我们就会标记这位员工并对他进行指导。也就是说，我们设置了一个打破旧有的安全与安心领域的环境。

最终的结果显示，接受培训的销售团队整体都能够比较顺利地推进新做法。但这期间，我曾被平时几乎没怎么说过话的会长单独叫到办公室谈话。会长对我说道："你似乎把相当任性的想法强制施加在我们公司的销售身上了。这样的做法真的有效吗？如果你做得太过分，我会考虑中途与你解约。"

关于培训的内容，我事先已经跟这家企业沟通过，并取得了对方的同意，之后还与专门的负责人和项目团队一边确认培训过程一边开展培训，员工行动的转变也很顺利，所以我一开始完全不明白会长为何会对我说这样一番话。

于是，我重新将我们的想法，与项目团队达成一致意见的培训方向，以及让销售们采取的实际做法等，向会长汇报了一遍。

听完我的汇报后，会长非常赞同地表示："那么请您务必继续为我们开展培训。"

虽然会长曾对我的做法有所怀疑，但最终还是获得了他的理解与支持，我自然觉得很好。我从会长办公室出来后，这个项目的负责人对我说："会长对您说什么了？其实前几天，担任项目经理的B科长特意找过会长，对您的培训内容提出了质疑，似乎还表示再这么进行下去也没有意义。会长之前也曾找过我，我跟他解释过我们的培训内容，并且保证不会出现任何问题，暂时压住了这件事。刚才我看见山北先生进了会长办公室，很吃惊。虽然B科长是项目经理，但他这次的做法我无法理解。这次的培训对于我们公司来说绝对是必要的。我会负责培训的开展，请您不要介意，继续按照之前的方式进行培训。"

对此，我只是表示："没关系，这是常有的事情。"让这件事情告一段落。

之后，这位 B 科长一直以要与大客户商谈为理由而不参加培训。当然，我也曾给项目团队做工作，让他们邀请 B 科长参加培训，但 B 科长的缺席理由非常明确，因此我放弃继续劝说。

最终，将近一年的培训顺利结束，很多接受培训的员工能力都有了显著提高。很多人变得能够积极自主地思考如何做才能在工作中取得成绩，并将这些想法真正落实到工作中。

但 B 科长与其他人不同，他的业绩不断下滑，他的未来已无法预测。事后我才了解到，在培训中设定的管理表格的内容都不是真实的，是这位 B 科长为了应付培训而伪造的虚假数据。被高层放弃的 B 科长最终被解除了项目经理和销售的职务。

在上面这个案例中我们要关注的并不是这位 B 科长的人品好坏，而是他为了守住自己当下的安全与安心领域而产生了强大的行动力。找会长、安排与培训冲突的行程、管理表造假等行为都是 B 科长为了守住自己当下的安全与安心领域而做的。

客观来看，很多人会觉得 B 科长做的事情对自己并无好处。但在实际工作中，为了守住自己当下的安全与安心领域，经常有人像着了魔一般做出类似的举动。

想要守住一直以来的安全与安心领域而采取行动的人都有一个特点，那就是"对现状非常满足"。他们相信现在的工作量、工作内容、收入、时间的支配都处于最佳状态，并不会思考今后的发展。这些人都强烈地认为一直维持现状对自己来说是最好的，在这之上或之下都没有必要。

惧怕变化，试图紧紧守住当下环境的人的特点

惧怕变化、试图紧紧守住当下环境的人，往往都具有以下两个特点：第一，即便长期不改变也守住了自己的安全与安心的领域；第二，没有改变也取得了事业上的成绩。那么，我们来分别看看这两个特点。

1. 即便长期不改变也守住了自己的安全与安心的领域

对于这一点，由于环境没有发生变化，所以就会形成"现在的环境对自己来说是最安全与安心的"这种价值观体系。

行动模式化会导致人们渐渐不再思考行动的意义和结果。比如，有一家批发商常年经营着"接到顾客的订单后再向生产商订购"的业务。多年以来，这家批发商的工作流程是这样的：订货方的订单通过传真传来后，这家批发商就会向生产商的销售负责人打电话联系，确认好库存后下单订购，然后将订购详情记录在纸质账簿上，最后联系订货方确认交货日期。

在这个工作流程中，要求这家批发商从接单到交货都不出错。

如果能够做到向进货商确认好传真过来的订单，然后在记录时准确无误的话，就能在工作中获得好评，得到工作中的安全与安心。

这些事情从进公司开始就一直在做，时间长了员工根本不会产生"为什么要用传真""为什么要打电话确认""为什么要记在纸质账簿上"这些疑问。在电脑、各种业务软件和通信系统产生之前，公司一直按照上述这些流程完成下单与接单。

如今，为了减少处理这些业务的时间和失误，引入了系统化管理技术。即便明白导入新系统可以提高效率，但仍有人不接受这些系统，不接受这些变化。他们会找诸如"比起导入接单系统，传真下单更易懂""纸质账簿更容易看明白，而且更方便记录""自己做这些事情更快"等各种各样的借口躲避改变。甚至出现了花费高昂的价格导入新系统，但两年过去了根本没有人使用的现象；抑或尽管开始尝试使用新系统，但因为新系统与实际操作出现了一些分歧，一年过去了仍不能制订出最终的使用方案，导致无法正式使用新系统的现象。这是因为他们为了守住现有的安全与安心的领域，就产生了维持原有做法的想法，并试图回到原有的状态。

2. 没有改变也取得了事业上的成绩

下面这个案例是我曾经经历过的关于手机销售业务的事情。在报纸和新闻中经常看到手机销售代理店存在"销售奖励"这个制度的报道。曾经五六万日元一部的翻盖手机能够实现以 0 日元一部的价格销售，是因为通信运营商在顾客签订手机合约后会将一部分话费返还给手机销售代理店。由于签下一单就能够得到五六万日元的金额返还，所以即便销售代理店不向顾客收取卖手机的钱，也能够从通信运营商提供的销售奖励中获取利益。但这种做法只适用于很多人都没有手机，可以获得许多新用户的情况。这种赢利模式导致许多代理店无法根据顾客的需求进行经营。他们更多关注的是通信运营商采用了何种销售奖励措施。

如果使用手机的用户涵盖了从年轻人到老年人的各个年龄层，而每位用户每个月的话费都能够确保的话，通信运营商就没有必要再支付给销售代理店高额的销售奖励来卖免费手机了。一旦没有了新签约的用户，无论怎么提高销售奖励金额，都无法提高业绩。

曾经有人一度立下"豪言壮语"称"我才不用手机呢"，但如今几乎看不到说这种话的人了。如今几乎人人都有手机。

2007—2010 年，很多手机销售店都倒闭了。当年那些只卖手机而没有通信运营商广告的小规模手机店如今已经很难像当年那样有顾客光顾了，这些手机店连经营都变得难以维持。这是因为通信运营商已经改变了经营策略，在如今这个难以增加新签约用户的市场环境下，各大运营商之间开始了"抢客户"的战争。

不设置签约内容的变更业务、手机故障维修等售后服务的手机销售店已经无法获得销售奖励，陷入了被迫停业的危机。再加上各大运营商想尽办法抢客户，他们会采取降低通话费的手段增强竞争力。随之而来的是销售奖励金出现逐渐减少的倾向。这种危机就连做销售的我们也感受到了。

对此，政府出面进行了干预，手机的销售形态从原本的"0日元销售"转型为"分期付款销售"。手机不再是免费的了，用户购买手机时选择不同的分期付款形式，每个月的话费会相应有所减少。曾经每个月超过 5000 日元的话费如今已经降到 3000 日元左右了。

当时做手机销售的我对手机销售代理店的经营模式感到极度不安。当时可以预想到话费的减少会影响销售奖励的金额，销售代理店只靠卖手机获得利益的经营形态不再稳定，实际可以以 0 日元的价格销售的手机类型越来越少，用户换新手机的时间也越来越长，所以整体上每年销售手机的数量不断减少。在整个市场上，大量细分化的手机销售代理业务经营不下去了，行业朝着并购整合的方向发展，业界重组的速度快得惊人。

说一个题外话。我有一个朋友曾经在 KDDI 电信公司工作，被分配到了 PHS（Personal Handy-phone System，个人手持式电话系统）部门。而 PHS 部门被一家叫作 WILLCOM（威尔康）的外资企业取代，而 WILLCOM 又被软件银行集团收购。虽然我朋友在 KDDI 公司工作，但他没有跳槽就自动成为软件银行集团的员工。

手机行业就是这样一个在短时间内其环境就会发生巨大变化的行业。当时，所有人都预测到了手机市场的饱和状态以及今后将会越来越难的经营前景。但是，曾一度陷入混乱的手机销售代理店却在没有摆脱运营商销售奖励制度的情况下，业绩取得了巨大的提高。这个转机便是智能手机的问世。

智能手机的问世使得曾一度减少的销售奖励制度再次复活，而销售奖金比手机用户饱和前更高。为了将已经签约的用户拉到自己的通信运营商这边，不光是手机免费，甚至有的店铺还承诺用户只要签约店内推荐的运营商就能拿到 5 万日元现金，最终这种做法引发了社会问题，总务省不得不出面介入。

由此我们可以看出，除了将近 10 万日元的手机购买费用，再加上奖励签约用户的 5 万日元，销售代理店依然能够获利，可见销售奖励的额度之高。

对于这种经营模式，我完全没有批判的意思。我反而认为采取这种经营模式和经营战略的行业构建了良好的赢利模式。但问题是手机销售代理店并没有摆脱每况愈下的销售奖励的大环境，通过形成新的价值观体系来重新获得安全与安心，并没有成功转型，仅通过重筑赢利模式的方式获得与此前一样的安全与安心的领域。

通信运营商的经营策略拯救了许多手机销售代理店，其贡献不可估量。但是，至今为止手机销售代理店整个业界总是无法独立转型，智能手机的问世只是保障了手机销售代理店暂时的安全与安心。由于这种经营模式下的安全与安心已经维持了将近20年，如果没有通信运营商的经营策略，手机销售代理店是无法依靠自己的力量在市场的浪潮中生存下去的。

为了确保现在的安全与安心的领域，手机销售代理店试图通过配合通信运营商的经营策略，努力回到原有的状态。朝着那个方向一直努力下去，如果能够取得业绩便没有问题；但如果仅靠这种做法已经无法维持经营的企业，最终只能选择退出市场或卖掉企业。

权限：为了将下属引向正确的方向所必需的力量

即便设定了新的环境，采取了新的举措，但很多时候如果任由下属发展，再努力也得不到想要的结果。他们依然会采取过去曾取得成功的方式或为了守住现在的安全与安心领域而努力，那么便无法做到我们希望他们做出的改变。因此，必须配合环境的设定，由我们引导他们的行动。

为了正确引导下属的行动，我们不能让他们按照自己的意志和选择行动，我们需要的正是这样的力量。而这种力量并非个人的，必须放在集体环境中才有效。这种力量叫"权限"。

所谓权限就是指能够行使的正式或官方权力的范围。如果是个人，只要不犯法，他的行为就都是他自己的责任，自己负责选择要做的事情即可。但在一个集体中，个人必须配合集体的共同目标去行动。对于偏离了完成集体目标的行为，如果没有人修正，集体目标是无法完成的。此外，为了不让个人做出威胁集体利益的行为，就必须对其行为加以控制。

那么，究竟谁拥有这个修正并控制下属行为的权限呢？对，正是经理！经理拥有完成集体目标的责任，同时也拥有履行责任的权限。只有责任而没有履行责任的权限，也就无法做事。当然，为了避免经理自己做出威胁集体利益的行为，他的权限也是受限的，每家公司给予经理的权限各不相同。

使权限真正发挥作用

在一个团队中，经理所拥有的权限是为了履行团队的责任所必需的力量。如果自己并没有权限，在行动前就必须让有权限的上级做出判断，按照上级的判断采取行动。如果没有向上级确认而擅自采取了行动，就属于越权行为，甚至可能因此受罚。也就是说，权限是通过限制集体的行动，以达到高效运营的目的而赋予经理的权力。无论下属有多强烈的要求，经理作为要对集体负责和拥有权限的人，对不合理的要求都必须回绝。并且，下属需要服从拥有权限的经理的命令。

事实上，在很多集体中，权限并没有发挥作用。这是因为对于履行责任的权限，无论是经理还是下属都没有理解。因此，经理无法正确地控制集体的行动。

很少有经理会为了履行达成销售目标的责任，而行使设定团队行动的权限。比如，针对公司从现有的客户获得的利益逐年减少的问题，高层提出了"扩展新客户"的经营方针。如果经理要承担起这个责任并完成相应目标，他就拥有了为所带领的团队设定"扩展新客户"的目标及行动的权限。但是，如果经理已经下达了指令，依然有下属擅自不按经理的要求执行或推托执行，就说明这个经理并没有使用对越权下属该使用的权限。

在工作量巨大、工作内容繁多的团队中，如果一个经理的权限被下属全部夺走，那么这个经理就很难做出判断，这是非常没有效率的。对于为了做出业绩而采取的必要行动，经理有必要为了履行责任而在权限的范围内设定团队的行动并让团队成员执行。

没有一个经理或经营者被赋予压榨团队成员让其做出违法行为的权限，如果出现这种情况，团队成员就要求助外部的力量。但是很多时候，团队成员误以为自己拥有本不属于自己的权限而采取行动，最终导致经理无法履行应尽的责任。对于这种现象，经营者和经理往往都没有意识到问题的所在。

未能理解责任与权限而导致严重损失的团队

接下来为大家介绍一下我曾经访问某钢铁贸易公司，向他们的高层领导询问公司组织结构现状的事情。

首先，我询问了这家贸易公司关于"组织领导与决策程序"的问题。

由于海外原材料价格走高，这家公司需要与数百个客户交涉涨价金额，否则每个月将会产生巨大的经营赤字。根据负责人的指示，这家公司紧急构建了一个专门负责与每个客户交涉涨价金额的团队，排除战略上不进行交涉的客户，对于需要进行交涉的客户要以周为单位进行管理。

最终形成一个执行标准：对于有特殊情况的客户，在交涉后如果无法调整出一个理想的价格，就放弃涨价；在某些地区如果竞争对手没有涨价，就不强行涨价。

已经到了必须马上涨价的紧急关头，跟董事协商后，我制订了一个推行方案。但两周过去后，我发现与客户的交涉工作始终没有按照计划进行。

董事试探性地向我表示："再这么下去就不妙了。"于是我为了请社长帮忙动员全体员工行动起来而报告了现状。针对交涉工作始终不见进展的现状，我提出了一个假说。

在负责与客户交涉的团队中，负责董事下面有好几名上了年纪的科长，但是董事和科长之间没有设置一个汇总高层的指示并负责管理的责任人。所以我认为问题出在组织结构上，于是我要求公司应在这个团队中设置一个负责人。

社长对我说道："对于这个问题，我也非常苦恼。事实上这次的涨价交涉涉及一个大客户。出于对赤字过于严重的考虑，我曾指示 A 科长，如果关于涨价的交涉结果不理想，就与客户交涉中止合作的事宜。但他不但没有与客户进行涨价或中止合作的交涉，反而答应了对方降价的要求。因为这个客户的订单很大，我们的赤字会更加严重，于是我只好亲自去中止与这个客户的合作。但中止合作因此推迟了一个月，已造成了不必要的巨额赤字。当然，我们也受到了这个客户不少照顾，如果今后能持续合作，或许会改善这种状况。但这次我作为公司的代表，有责任不让赤字继续增大，不得不做出中止合作的决定。我也明白这样做会导致客户的流失与销售额的损失。对于我下达的指示，员工却依靠自己的判断采取了完全不同的行动，这样的话，我做出任何指示都无法在公司执行。当然，安排一个负责人是有必要的，但如果不能按照上级的指示行动的话，一个公司就会失去原有的作用。我该怎么办才好呢？"

之后，我在开会的时候向那位 A 科长确认了当时的情况，他回答我说："这个客户跟我们有长期的合作关系，我们关系很好。因为我没办法突然告诉对方要涨价或中止合作，再加上对方强烈的要求，所以我当时就自己做决定答应了对方的要求。在这件事上，全部是我一个人的责任，非常抱歉。"

听到这个回答，我的危机感加强了。这位 A 科长并没有理解自己有要完成社长布置的任务的责任，还擅自做了自己没有权限决定的事情。这是一种不履行工作职责且越权的行为。

在这个案例中，控制公司赤字是社长的责任，而 A 科长的责任则是按照社长的要求完成"涨价"与"中止合作"的工作，最终即便失去了客户，责任也由社长承担。而这位 A 科长不但没有完成自己应做的工作，反而做出了越权的降价处理。（在这里必须做出说明，本案例并没有违反与转包相关的法律法规，并不是危及对方企业存亡的单方面交涉。对方为大企业，案例中的某钢铁贸易公司因答应了对方的无理要求而想方设法解决问题。）

这是一起由 A 科长擅自行使自己不具备的权限而造成公司利益损失的案例。

明确责任与权限，并使其习惯化

在上面这个案例中，真正痛苦的是社长。A 科长虽然看似很帅气地揽下了责任，但对他来说其实不痛不痒。

◎ 在客户面前当好人；

◎ 能够维持销售额（由于没有利益责任）；

◎ 顺应了客户的要求；

◎ 没有失去对目标销售额有贡献的客户。

如果 A 科长有上面这几种想法，就说明他可能根本没意识到自己的行为有什么问题。如果一个团队的所有成员都有这种想法，大家都有自己的价值观、主张个人责任，并擅自做决定的话，这个团队便无法发挥作用。

虽然这个案例有些极端，但确实有很多团队无法正确地理解和运用责任与权限。在现实中，还有很多类似的关于指挥和命令不能很好地执行的例子。

责任与权限是一个组织能否正常运行的基本原则之一。如果组织内部无法正确理解决策的权限，那么组织成员就无法顺利开展活动，无法完成组织目标。

但是，责任和权限的运用并不是光设定好就可以了。如果平时没有将其作为组织的习惯经常进行训练，就无法在关键时刻发挥积极的作用。

上面案例中的那家钢铁贸易公司一直以来都发展得非常顺利。此前，销售们往往能够以较便宜的价格与客户签订合同，确保公司获利；即便内部出现不按照上级的指示行动的人，由于市场环境和商业战略的优势，经营方面也没有出现赤字。所以这家公司从来没有重视过下属不服从指挥的问题。最终导致的结果就是，员工没有意识到上级下达的涨价交涉是必须完成的命令，依然按照以前的做法擅自做决定。他们欠缺的是服从上级的意识。

由此我们可以看出，在公司的经营顺风顺水时，服从上级的意识往往会比较薄弱。我们通过这个案例可以明白，如果平时不规定谁拥有什么责任和权限，谁该如何执行，并让其在组织中成为固定下来的习惯，就根本无法在组织活动中灵活应变。

以权限操纵行为

上面这个案例涉及的内容属于在公司经营中应该优先采取行动的紧急事项。为了在下达了优先工作的指示后，全体员工能够迅速开展工作，日常的工作习惯便至关重要。为了达成这个目标，需要经常明确谁拥有什么样的责任和权限。

在商业活动中，我们很难判断什么是正确的，什么是不正确的。即便现在状态很好，将来也有可能遇到风险；即便在自己的范围内是小问题，但放眼全局可能就会成为大问题。但当事人可能根本看不到事情的重要性和紧急性。再加上当事人会为了守住自己当下的安全与安心领域而采取相应的行动。

因此，即便遇到与过去的行动和价值观不同的事情，也要让员工明白责任与权限。比如在必须跟客户谈涨价，否则每个月的赤字会越来越严重的情况下，就不能犹豫，不能出现"等待员工做出正确的理解"或"等待员工自主行动"的做法。

因此，平时就要使全体员工形成根据权限执行者的要求采取行动的习惯。虽然唯命是从的"yes-man"（好好先生）给人的印象不好，但如果一个企业全都是不按上级要求行动的"no-man"（不听话的人），那才是更恐怖的事情。所以为了获得新的安全与安心领域，必须依靠权限控制下属的行动。

第四章

切实感受成功，形成新的价值观

应该对什么给予好评

在这里我再重复一遍，价值观体系是基于由行动获得的安全与安心的体验而形成的。由于强有力的行动以追求安全与安心为目的，所以只要行动的结果并没有获得安全与安心，这种行动就无法持续下去。因此，要让下属在行动后获得安全与安心，体验成功是很有必要的。

我们必须明确诸如"尝试做了以后就成功了""坚持做下去就有了不错的结果"这样的好处。但是在商业中，很多时候采取了新的行动，并不一定立刻就会出结果，而且往往领导者也不知道"究竟怎么做会成功"。

领导者首先要行使自己的权限，当下属按照自己的要求行动后，就必须对"按照要求采取了行动"这件事给予好评。

如果下属并没有形成"要完成规定的工作"的价值观，领导者无论制定什么战略目标、下达怎样的指示，下属都不会采取行动，也就无法发挥作用了。对"按照要求采取了行动"给予好评，这对于能够应对变化并取得成功的团队来说是一种重要的价值观，而且也是最初就必须形成的价值观。有了这个价值观基础，以后团队都能够顺利采取新的行动，不断取得成功，形成价值观体系。

评价上的巨大错误，
是"无法应对变化"的团队共同的问题

对于"给予好评"，很多领导者具有错误的认识。很多团队的错误在于"只给予成果好评，而不给予行动好评"。或许很多人都认为："如果拿不出成果，那么表扬就没有意义。"如果不改变这种想法，就无法打造出能够应对变化的团队。

之所以这样说，是因为在取得成果之前，这些行动对于采取行动的本人来说是非常痛苦的。在无法获得安全与安心的情况下仍然采取行动，往往出于"求生欲"。如果在行动的方向中看不到生存的价值，自然很难维持这种行动。在这种状态下，领导者如果对下属的行动一味地否定，责备其没有拿出成果，那么下属会立刻转变行动方向。而下属接下来采取的行动要么向过去取得成功的价值观体系靠拢，要么是守住现有的安全与安心领域的行动。

因此，即便下属暂时尚未取得成果，也要对其"按照要求采取

了行动"进行表扬。而能做这件事的是拥有设定下属行动权限的领

导者。

行为责任归下属，结果责任归领导者

　　一个领导者必须引导下属做出新的改变，监督下属在新价值观体系下采取行动，不让下属在行动时回到原有的状态。而事实上这些事情很多人都无法做到，最终因为没有坚持下来而失败。

　　我给企业做指导时一再强调，对于能够按照要求行动的下属要进行表扬，即便没有取得成果也不能批评。我认为，执行领导者要求的行动这个责任属于下属，而设定的行动的结果责任则属于领导者。

　　在指导过程中，经常出现领导者设定的行动本身并没有意义也无法取得成果的情况。比如，在一个销售团队中，领导者设定了一个"打电话预约面谈"的行动。但下属在执行这个命令时，打电话的方式因人而异。有的人为了约到客户，会采用推销话术；有的人仅仅是拨通了电话，并没有为了约到客户而采取有效的方式，但他确实进行了领导者设定的"打电话预约面谈"的行动。

　　在这种时候，很多领导者都会说出否定下属的话，比如"你那种推销话术根本约不到客户。你要更注意×××，如果对方说了什么你要考虑好了再说，否则打电话就没意义了"。如果这时领导者没有对下属的行动给予好评，而是因下属没有取得成果给予负面评价，那么很有可能这个下属今后会采取避免电话预约的行动。这样一来，下属的行动就会朝着错误的方向发展。为了守住自己的安全与安心领域，下属就会被指引到不按照领导者的要求做事的方向。这很有可能导致这个下属不想来公司上班或离职等情况发生。

所以，为了避免造成这种局面，领导者首先要对下属按照要求采取了行动本身给予好评。

"海豚的工作"：
通过一件件事情的重复，积累成功体验

"将手段目的化"这种说法往往听起来不太好，但在这一节要为大家介绍的可能看起来正是这种做法。这种做法对应对变化的价值观的形成是必要的举措。

首先，如果下属形成了"只要采取必要的行动就会获得上司的表扬，自己的安全与安心领域便能守住"的价值观体系，那么我们要认为是好事。这种价值观体系形成后，接下来引导下属取得成果就可以了。就这样一件件事情重复下去，便能够打造成应对变化的团队。

在我设计的培训中有一个叫"海豚的工作"的项目。在这个项目中，讲师会在短时间内设置一个需要学员调整行动的环境，并引导学员做出符合讲师要求的行动。这个培训项目的灵感来自海豚表演的训练。在训练初期，由于海豚没有立刻就掌握表演内容的必要，所以只要没有形成"完成表演就能得到好处"的价值观体系，海豚就不会按照指令行动。

对于海豚来说，因为无法靠语言沟通，所以使其形成这种价值观体系并非易事，必须对其进行特殊的训练。

首先，驯兽师要仔细观察海豚的行动。一旦海豚做出了跟表演有关的行动，驯兽师就会吹响哨子并奖励海豚一条小鱼。这条小鱼对于海豚来说就是一种"好处"，相当于得到了好评。

接下来要反复巩固"做出同样的动作就能得到小鱼"这样的体验。这样一来，海豚就会反复做出能够得到小鱼的动作。

一旦形成这种状态，海豚再做同样的动作，驯兽师就不再给它小鱼吃了。这样做是为了让海豚明白"此前能够得到小鱼的环境已经发生了改变"。虽然海豚还会不断重复之前的动作，但是再也得不到小鱼了。

接下来，驯兽师要耐心等待海豚做出新的动作。当等到海豚做出新的表演动作后，驯兽师再吹哨并给予小鱼。于是，海豚又会不断重复新的动作，而每一次驯兽师都要配合地吹哨并给海豚吃小鱼。

经过一段时间的训练，驯兽师发现海豚形成了新的价值观体系，即便海豚重复做这个动作也不会继续给它小鱼了。驯兽师要继续等待海豚做出新动作。然后当新的表演动作出现时，他再次吹哨给海豚小鱼。这样的步骤要反复好多次。

如此一来，海豚就会形成这样一种价值观体系——"只要做出新的动作，就能得到小鱼"。这样的价值观体系形成后，海豚才能够在表演中展现出各种动作。

也就是说，应对变化的价值观体系是通过不断采取应对变化的新行为和反复获得成功体验而形成的。所以，重要的不是短期内的一次改变，而是不断积累小小的成功。

领导者必须拥有发现价值观体系转变的本领

能够让听不懂人类语言的海豚拥有应对变化的价值观，是因为驯兽师理解价值观体系形成的原理，并且能够以此操控海豚的行为。这里有一个驯兽师非常注意的关键点，而这个关键点不论是对海豚还是人类来说都非常重要。这便是"发现价值观体系转变的本领"。这属于一种感知能力，驯兽师或领导者如果欠缺这种本领，就无法成功改变海豚或下属的价值观体系。

由于价值观体系本身是肉眼看不到的，所以无法捕捉到其变化或形成。这就要求领导者必须仔细观察下属的行动，留意下属的价值观体系是否形成。有一种情况是，虽然行动已经到位了，但价值观体系尚未形成。如果存在这种情况，一旦停止新的环境设定或行为引导，下属就会回到原有的状态。

在下属的价值观体系尚未形成的阶段，如果开始设定新价值观体系形成的环境，就可能使下属产生不知所措的不安感，并最终朝着错误的方向采取行动。因此，作为领导者必须拥有能够正确辨别下属的价值观体系是否已经形成的能力。如果领导者辨别出错，进入下一个环节，就会使下属感到混乱，领导者更加难以搞清楚当下的状况。所以在进入下一个环节前，必须谨慎小心。

辨别价值观体系是否转变的关键点

辨别下属的价值观体系是否转变的两点分别是其"行动"与"言论"。如果一个人的价值观体系转变了，那么他平时的言论往往也会转变。价值观体系的转变会促使人消除在付诸行动前的消极想法，自然而然地采取行动。

在辨别下属的价值观体系是否转变时，最低限度需要做到的是确认下属是否已不再对新行动有所不满和抱怨。除了留意下属的言论，还需要再三确认下属的行动。在观察下属的行动时需掌握一个要点：下属对所设定的行动的准备状况。只要观察这一点，就能很好地了解下属的价值观体系是否转变。

如果已经形成了新的价值观体系，那么下属在做出相应行动前的准备都是正确的。如果观察到下属在记录日程或准备道具、工具等时都比较用心，就可以认为下属已经形成了新的价值观体系。当然，这要求领导者拥有辨别的经验。只要下属的准备工作都是妥当的，而且能够按期采取行动，就可以认为下属的新价值观体系已经形成了。

我在进行指导的时候，为了辨别学员的新价值观体系是否已形成，往往会设计好几个观察事项，比如学员要上交的材料、上交期限、上交材料的质量、在培训中心的发言等。对于辨别肉眼不可见的价值观体系的转变，这种设置是非常有必要的。领导者也可以自行设计观察事项，这完全没有问题。恳请各位读者一定尝试设计一下自己的辨别方法。

能够应对变化的人与团队的共同价值观

到这里为止，我为大家详细介绍了价值观体系形成的三个步骤：环境设定、行动引导与让下属或员工切实感受成功。第四个步骤便是形成能够应对变化的新价值观体系。前三个步骤都属于价值观体系形成的过程，而最后一个步骤则是打造能够应对变化的价值观体系。我认为这个步骤其实并没有一个可以称为完美状态的答案。人当然不可能应对所有的环境，这件事不太可能实现。

虽然我并不知道人最大限度能够承受怎样的环境变化，但是在商业中却有一种"个人认为理想的状态"。这种状态是当一个团队或个人在被赋予责任或任务时，不需要别人引导也能够适应环境，选择必要的行动，应对变化。在第一章中我曾介绍过一个"削减经费"的任务，我想象的就是这样一个成功的团队。事实上，在我身边也有人能够做到即便面对从未做过的工作也可以顺应变化，很好地完成。而在我培训过的人中，也有那种会自主地思考如何开展对团队有益的工作的人。这样的人自然会得到高层领导的赏识，他们在公司往往也会步步高升。这样的人或团队一般都拥有以下这些价值观体系：

◎ 为了完成任务，认为改变行动是理所当然的事；

◎ 认为发现隐患并做出调整是理所当然的事；

◎ 认为即便没被要求，自己调整行动是理所当然的事；

◎ 认为配合团队的任务采取行动是理所当然的事；

◎ 认为接受新的行动而非维持现状是理所当然的事。

拥有这些价值观体系的人或团队，面对新的任务总是能够朝着成功的方向努力，即便是其他人或团队认为做不到的事情，他们也能够做得很好。

领导者如果能够深入理解价值观体系，就能够很好地引导自己的团队或下属应对变化。

第五章

"介入式管理术"——让下属将行动进行到底的方法

为什么下属不按上司所希望的行动

为了能使客户取得培训效果，我会按照价值观体系形成的步骤改变客户的团队。而将我的方法体系化的便是让客户的下属将行动进行到底的"介入式管理术"。

使九成的领导者在实践后取得成功的"介入式管理术"涵盖了本书前半部分为大家介绍的价值观体系形成的四个步骤：环境设定、行动引导、让下属切实感受成功和新价值观体系的形成。如果在理解价值观体系的基础上实践"介入式管理术"，就能够更好地让团队发生变化。接下来我将为大家详细地介绍让下属将行动进行到底的"介入式管理术"。

很多公司的领导者都有诸如"下属不按指示做事""下属光找借口不做事""下属无法坚持做好一件事情"等这样那样的烦恼。对于"为何下属不按上司所希望的行动"这个问题，我认为主要有以下三点原因：

◎下属曾有过即便自己不动手做，工作也完成了的经历；

◎领导者自己放弃了让下属做某件事；

◎领导者下达的指示存在问题。

那么，我们来详细分析一下这三点原因。

1. 下属曾有过即便自己不动手做，工作也完成了的经历

在领导者过去的管理中，下属曾有过"即便自己不动手做，工作也完成了""只要找个借口就不用做了"这样的经历，因此形成了"即便上司交代了事情也不用去做"的价值观体系。由于下属过去这种做法都能够"蒙混过关"，所以便不会按照领导者的指示采取行动。

2. 领导者放弃了让下属做某件事

这种情况往往都是因为领导者认为不按要求做事的下属，"不是自己的责任而是下属的责任"。只要领导者将问题的原因归结为下属的能力低下、懒惰、性格恶劣等，将所有的错都推到下属身上，下属就不可能自己成长起来。对于下属来说，连下达这个指示的领导者都放弃了，自己就更没有必要去做了。

3. 领导者下达的指示存在问题

这种情况往往是领导者下达的指示含糊不清，下属根本不知道

该如何开展工作。以销售为例，如果领导者仅仅提出"今后我们要发展新客户"的方针的话，或许有些人能够在价值观体系的推动下设计好市场营销方案、销售策略等，迅速开展行动；但对于从来没有成功发展过新客户的下属来说，他对于领导者下达的这个方针无从下手，因此也就不会采取行动。

正是因为领导者没有做出具体的指示，才会导致下属不知道怎么做的情况出现。比如，领导者应该这样下达明确的指示："要针对什么样的人群，截止到什么时候发完邮件广告；发完邮件后的第二天要打电话联系，确认目标人群收到了广告并追加有关宣传；从目标人群中筛选出可能发展成客户的人，争取与其见面；见面时给对方直接展示产品，让对产品感兴趣的人试用两周，之后确认对方的最终决定。上述这个流程要在 3 天内全部完成！"

总之，无论哪种情况，归根结底都是领导者的指示导致了下属的行动无法改变的结果。

"介入式管理术"，促使下属的行动发生变化

无论因为领导者的指示导致下属出现哪种不良行为，领导者都能够通过"介入式管理术"让下属做出改变，成功引导其行动上的转变。

不论多么不善言辞或者不硬气，不论领导者拥有什么样的性格或能力，并且不分职业和行业，"介入式管理术"都是一种能够发挥作用的管理方法，很多领导者都对这种方法给予了高度评价。这是因为"介入式管理术"这种管理方法将价值观体系形成的四个步骤（环境设定、行动引导、让下属切实感受成功和新价值观体系的形成）全部体系化了。对于其概念，如"介入式管理术"示意图一所示：

领导者介入，设置一堵"墙"，阻拦住下属们的"不希望有的行动流程"，引导他们朝着取得成果的方向做出"希望出现的行动流程"。

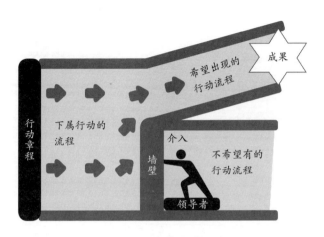

"介入式管理术"示意图一

图中像河流一样的箭头表示的是下属的行动流程。下属的行动在途中分为了"能够取得成果的理想行动"（对应图中"希望出现的行动流程"）和"无法取得成果的不理想行动"（对应图中"不希望有的行动流程"）。

如果领导者什么都不做，那么下属选择哪个方向都是有可能的。下属往往会在过去形成的价值观体系的引导下按照过去的方式采取行动。如果一直放任这种状态，下属就不可能做出改变。

因此，为了不让下属做出无法取得成果的行动，领导者就要介入下属的行动流程，设置一堵墙，阻止不希望出现的行动。我将领导者的这种做法称为"介入"下属的行动。通过这种"介入"，强制改变下属行动的方向，引导其朝着"能够取得成果的理想行动"的方向做事，这种管理方法就是"介入式管理术"。

接下来让我们一起看看"介入式管理术"是如何运用到实际之中的。

"介入式管理术"要依靠领导者设定"三个规则"、制作"评分表"才能起作用。

①行动规则、中间成果、最终成果的设定；

②介入规则的设定；

③反馈规则的设定。

通过设定以上三个规则，领导者要每天都在实际应用中对"介入式管理术"的使用结果进行评分与分析，让有助于改善评价的"PDCA 循环"（Plan-Do-Check-Action，戴明循环）运转起来，并最终达到效果。

"行动规则"的设定方法

所谓行动规则就是为了让团队和下属取得成果，将必要的行动规则化，要求对方必须执行该行动。

正如在本书前面为大家介绍的，在价值观体系的形成过程中，引导下属的行动是非常必要的。而行动规则就是为了设定下属要做的事情。基本上都是由领导者设定下属的行动，这是因为如果让下属自己决定行动规则，那么下属容易按照旧有的价值观体系设定自己的行动，无法选择我们希望他做出的行动。

在"介入式管理术"的基本概念中包含着一个"V=B"的法则。

◎ V=value（价值）。

◎ B=behavior（行为）。

这个法则表示的意思是"成果（价值）与行动（行为）是联动

的"。也就是说，"为了取得成果，就必须做出与成果相称的行动"。这句话也可以换个说法，那就是"如果做到现在还没有取得成果，就意味着只能改变现在的行动"。

　　为了让团队或下属做出必要的改变，必须从行动开始改变。

设定"行动规则"时需注意什么

　　一个领导者在设定团队或下属的行动规则时最需要注意的是，要让"只要想做就能成功"的行动成为规则。如果设定的行动规则即便想做也完成不了，那么就会出现能够做到的人与做不到的人的两极分化现象。因此，排除特殊情况后，行动规则的内容必须是团队所有成员只要想做就百分之百能够做到的事情。

　　许多公司都规定了上班时间，没有人不遵守那个时间。比如，某家公司要求早上9点开始上班，排除电车延误、身体不适或陪家人去医院等特殊情况，整个公司的员工都能够遵守这个规定。但是，如果规定员工下班时间必须为晚上8点，就不能保证大家都可以做到了。因为每个员工要做的工作和客户的情况等都不一样，如果现在手头上的工作必须做到晚上10点才能做完，那么即便规定了晚上 8 点下班，员工也会因为无法遵守而导致这项规定失效。这种情况下，如果要将晚上 8 点下班定为目标，就必须将规定设为员工能够减少加班时间，并且找不到理由破坏规定。

比如，在一个销售团队中，即便规定晚上 8 点下班，假如销售员晚上 7 点 30 分才回到公司，他也不可能在晚上 8 点前把剩下的工作全部完成。因此，就要规定销售员必须在下午 5 点 30 分之前回到公司。为了达到这个目的，销售员必须将外出见客户的行程安排等制度化。为了能够在下午 5 点 30 分前回到公司，销售员要把与最后一个客户约见的地点定在能够在 30 分钟内赶回公司的地方，并且为了能够在下午 5 点结束与客户的见面，平时就要制订好计划。这样一来排除特殊情况，这个规定就能正常执行了。

最终的结果是，只要销售员能够在下午 5 点 30 分到 8 点之间的两个半小时内做完当天的收尾工作，那么就能达成晚上 8 点下班的目标了。

当然，如果销售员在下午 5 点 30 分回到公司后一直到晚上 8 点都做不完当天的工作，就要规定将这两个半小时的工作量和内容可视化，将原本由销售员负责的这些工作分摊给其他人。因此，"行动规则"要求公司必须对过于花时间的工作方式进行改变，并检

验员工能否达成晚上 8 点下班的目标。实际上大部分公司仅仅规定
"晚上 8 点下班"，却放任破坏规定的原因不管。

错误的"行动规则"设定会起反作用

如果一个领导者不能理解"规则"与"目标"的区别，就会让
下属或团队形成"不做也行"的状态。如果对于领导者设定的规则
出现了做不到的理由，而这种情况一直持续的话，下属或整个团队
都会形成"就算被要求这么做，但不做也没问题"的价值观体系，
于是平时对领导者的指示不会做出任何行动。

为了不让这种局面出现，行动规则就要设定为"只要团队或下
属想做就一定能够做到"的事情。但是，即便设定了能够做到的行
动，如果没有取得成果，团队或下属无法体验到成功的感受，就不
能继续按照规定做事情。

因此，在设定行动规则时，要求领导者拥有"能够引导团队或
下属做出极有可能取得成果的行动"的能力和"结合成果验证行动
内容"并不断改善的能力。为了做到这些，领导者必须拥有能够理
性分析现状、发现问题的思考能力。

在"介入式管理术"的指导中，设定行动规则前，必须按照下面的顺序进行讨论。

①自己的团队要完成什么任务（明确目的）；

②到何时为止将什么事情做到何种程度就算达到目的了（目的的目标化）；

③目标与现实之间的差距有多大（明确差距）；

④这个差距是由什么因素构成的（分解差距）；

⑤产生差距的主要问题是什么（锁定问题）；

⑥产生问题的主要原因是什么（深入挖掘主要原因并明确真正的原因）；

⑦讨论产生问题的真正原因的解决方法（制定对策）。

如果能够按照从①到⑦的顺序制定对策，就能将解决问题的对策与目的联系起来。此外，由于这个讨论顺序会将问题的提出与决策的制定联系起来，所以在团队内部更容易达成一致意见。

同样，在讨论改善措施的时候也要按照从①到⑦的顺序推进。如果不按照这个顺序而是随心所欲地设定行动，就无法顺利完成目标。这样一来，下属即便按照领导者的要求行动了，也无法取得成果。如果这种体验反复出现，下属就会形成"就算按照领导的要求去做也没有成效"的价值观体系。

因此，设定行动规则时，要基于有逻辑的思考。

中间成果、最终成果

在"介入式管理术"中，通过正确的顺序导向解决方法后，就会落实到下面三点：

◎**最终成果**；

◎**中间成果**；

◎**行动规则**。

刚才介绍过了行动规则，要注意的是必须规定下属能够完成的内容。然后，就要以一年、一个月、一周为单位落实预期的中间成果与最终成果，并设定数值化的目标。

最终成果要设定的其实就是目标与现状之间的差距。以前面所举的那个减少加班时间的例子来说，就是要规定好"每年削减多少小时的加班时间""每个月削减多少小时的加班时间""每周削减多少小时的加班时间"。

为了实现最终成果，中间成果就应该是"行动后就能获得的成果"，所以就要以一个月、一周、一天为单位落实目标值。在前面那个例子中，每天规定的下班时间就相当于中间成果了。也就是说，晚上 8 点下班正是那个中间成果。

原本，规定晚上 6 点下班的公司员工每天都是晚上 8 点下班的话，以每个月上班 20 天计算，就相当于每个月员工都要加班 40 小时。为了完成中间成果，要求员工下午 5 点 30 分回到公司，并且不能找理由不完成，然后再针对员工是否都能实现晚上 8 点下班这一问题，讨论改善措施并推行下去，以此达成最终目标。

介入规则的设定

　　行动规则要求领导者理性地分析做不到的行动和能够取得成果的行动，按照最终成果、中间成果分别以年、月、日为单位落实，最终设定要执行的行动内容。即便好不容易将详细的行动内容落实到了团队中，假如下属或团队成员不去做，也无法取得成果。那么领导者设定的这个行动规则对于下属或团队成员来说，就会成为在已有的价值观体系中没有实行过的行动。

　　所以，我们需要掌握能够让下属将设定的规则贯彻到底的管理方法。这种方法便是领导者参与到下属的行动中，去引导下属行动的"介入"，也就是设定"介入规则"。可以说，要想发挥"介入式管理术"的作用，介入规则是最为重要的一步。

　　介入规则要求领导者必须介入为团队或下属设定的行动规则中，并确认他们是否按照要求完成了应做的事情。就像前面那张示意图一样，这个介入就是进入不希望下属做的行动流程中，仿佛一堵墙一样阻止下属的行动的管理方式。

在介入规则中最重要的是，对于设定的行动规则，领导者要毫无遗漏地介入。

为了全部介入的"三个介入"

为了毫无遗漏地介入所有的行动规则，领导者需要采用三个方法：提醒介入、事后介入、累积介入。

1. 提醒介入

提醒介入其实就是行动之前的介入。在下属计划行动前，领导者就要介入，确认下属是否做好了实行行动规则的准备。事实上，很多公司的领导者都没有进行过"提醒介入"。错过这个阶段后再确认，只能得到下属"没做到"的回答。由于时间无法回到过去，所以当下属表示"没做到"的时候已经无法修正了。所以，在下属开始行动前领导者需要做的很重要的一件事就是提醒介入。

对于价值观体系没有转变的下属来说，即便接到领导者的指示也不会按照要求去做。甚至他们的价值观有可能是"只要没人跟我说我就不做""如果别人有空做就让别人做""只要有借口我就不做"，所以即便领导者下达了指示，他们也没打算按照指示去做。

为了让这类人行动起来，在行动前领导者就要进行确认。比如当领导者问"今天计划去 A 公司和 B 公司访问，已经预约好了吗？要提案的东西准备好了吗"时，经常会得到这类人"太忙了，还没做"的回答。

在行动之前的准备阶段，领导者要利用自己的权限要求下属"请立刻准备，按照预定计划行动起来"。即便下属并没有打算做这件事情，也能够根据行程调整接下来的行动。

很多时候，提醒介入只需占用早晨刚上班的时间，每个人留出 3 ～ 5 分钟即可。领导者利用这个时间确认下属是否按要求做好了准备，如果有尚未行动的下属，就当场命令其改正，让其行动起来。

2. 事后介入

事后介入是针对行动结果的介入。也就是说，针对当天设定的行动规则是否完成进行介入。虽然很多领导者认为自己做到了事后介入，但其实几乎没有人能够做到"毫无遗漏地事后介入"。如果下属没有按照要求行动，领导者事后并没有介入，下属就会认为"不做也没什么问题"。最终的结果就是下属极有可能形成"不按规则行动也不会有问题"的价值观体系。为了避免这种情况，领导者需要毫无遗漏地进行事后介入。

3. 累积介入

不论是上司还是下属，都需要休息，因此总是会出现无法介入的情况。基本上最理想的状态是完整地实行提醒介入与事后介入。但是这样一来领导者会非常繁忙。如果无法实行提醒介入与事后介入，可以配合累积介入，也就是再次回顾一定期间内的行动状态的介入方式。即便每天都能够介入下属的行动，也要重新回顾一周的行动流程，并不断改善和确认。

累积介入时最重要的是，确认前一周的行动规则是否完成，并整理相关的数据。根据分析整理出来的数据，领导者要确认前一周的完成情况，比如告诉下属"星期一完成了，星期二完成了，星期三没有完成，星期四完成了，星期五完成了。但规定是每天都要完成，所以下个星期大家尽量每天都能完成规定目标，并向我汇报要如何进行改善"。通过这种形式再次确认行动规则的实行结果，实现毫无遗漏地介入。

最重要的就是毫无遗漏地介入。对于设定好的规则，如果领导者没有办法介入下属的行动状态，就无法引导下属的行动，下属的行动也就无法改变。因此，提醒介入、事后介入和累积介入的日程要由领导者自己安排，落实毫无遗漏地介入。

关于这三个介入的做法，下面这张"介入式管理术"示意图二可能更为直观。

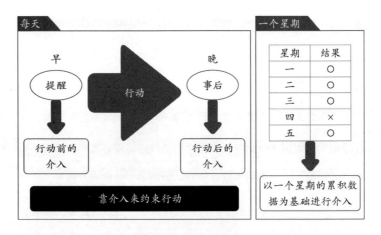

"介入式管理术"示意图二

介入时必要的"反馈规则"

即便成功地完成了毫无遗漏的介入，如果下属的行动没有改变也毫无意义。如果下属成功地按照要求完成了一次行动，那么自然希望他继续保持；如果下属没有按要求完成行动，那么便需要下属在下一次的行动中按要求完成。

反馈规则是指领导者在介入时，让下属的下一次行动也按规则实施的方法。即便之前下属没能按要求去做，也能够让他在接下来的行动中按要求完成。

反馈规则利用行为分析学引导下属或团队朝着规定的方向行动。

基于行为分析学的反馈

行为分析学是反馈的根本理论，经常用于对智力有缺陷的人进行教育，训练宠物或要进行表演的动物。

如果在大学里学习行为分析学，必须花两年左右的时间进行案例研究才能拿到学分。但其实行为分析学的理论非常简单，只要理解了它的概念就能运用到管理中。

在"介入式管理术"中使用到的行为分析学的四个词汇分别是正强化、负强化、强化与弱化。

正强化是指有好处、有价值的因子。在做出某个行动后，如果得到了好处，这个行动就会强化。而强化的意思就是这个行动会被反复进行。

这些概念比较晦涩，我用一个易懂的例子为大家解释一下。

请想象一下海豚或海狮的表演。

在海豚表演中，当驯兽师给出某个指令后，海豚就会表演一个动作，比如高高跃起或者拱起皮球。海豚做出这个表演动作后，观众就会鼓掌。但海豚即便得到了观众的掌声，也不会觉得高兴，对它来说这些掌声毫无意义。海豚想要的是每次做出表演动作后从驯兽师那里得到的那条小鱼。这条小鱼就是正强化。因为海豚知道做出这个表演动作后能够得到小鱼（有好处的因子），所以才会配合驯兽师的指令进行表演。

海豚并不是没有这条小鱼就饿得活不下去了，按理说海洋馆应该将海豚喂养得比较好。这条小鱼对海豚来说就是一个正强化，而这个正强化是驯兽师创造出来的，所以海豚才能够反复做出表演动作。

负强化与弱化就是与正强化和强化截然相反的两个概念。负强化是没有好处的因子（刺激或事情），当负强化出现时，行动就会弱化。也就是说，不会重复出现这个行动了。

为了能让下属持续做出理想的行动，领导者在毫无遗漏地介入时，必须给予正强化的反馈。反之，当下属做出不理想或违反规则的行动时，则要给予负强化的反馈。也就是通过批评、警告等方式反馈，让下属不再重复错误的行动。

如果没有反馈会怎样

如果不做正强化和负强化的反馈会怎么样呢？如果没有反馈，就会出现行动弱化的现象。用海豚和驯兽师的关系来解释，就是"海豚做出了表演动作，驯兽师却没有给海豚小鱼吃"。语言不通的驯兽师和海豚的关系正是靠小鱼这个正强化才构建起来的。所以，如果驯兽师在海豚完成表演动作后不给海豚小鱼，海豚就渐渐地不会按照指令做动作了。

对此，人也是一样的。如果按照要求采取了行动，却没有正强化出现，人就会认为这个行动没有持续下去的必要，就可能停止这个行动。此外，如果没有遵守规则，却没有负强化出现，就会强化下属不遵守规则的行为。也就是说，会促使下属重复做出错误的行动。如果既没有正强化也没有负强化，那就等同于没有介入行为。

如果领导者的介入出现了疏漏，那么当下属做出正确行动时就得不到正强化，做出错误行动时就没有负强化。很多公司或团队无法顺利实施内部的规则，原因就在于此。对于下属的做法，如果领导者不给予是好还是坏的反馈，那么下属是不会按照领导者所希望的那样去行动的。

对于下属的行动采取基于行为分析学的反馈法

刺激或事情 \ 变化的种类	出现	消失
①正强化	③强化（↑）	④弱化（↓）
②负强化	④弱化（↓）	③强化（↑）

对于正强化、负强化、强化与弱化的理论，上一页的表格更便于理解。

"强化正确的行动，弱化错误的行动"，这样的介入反馈是极其必要的。

让"介入式管理术"的"PDCA 循环"
发挥作用的重要手段

在实践"介入式管理术"时,前面为大家介绍的三个规则设定是基础。为了让"PDCA 循环"发挥作用,就要制作"评分表",每天都要记录并定期进行分析。从敝公司"介入式管理术"官网(https://www.kabe-mane.biz/)上可以下载各行业、不同课题的评分表,欢迎各位使用。

使用评分表时要注意对设定的最终成果、中间成果、行动规则、介入规则、反馈的状态进行集中管理。

根据评分表,很容易找到管理上的问题及应改善的地方。比如,如果下属没有做出行动,那么首先要检查介入是否做好了,并调整为正确的介入方式。如果下属的行动不理想,但领导者的介入做的是对的,就要确认是否是正强化、负强化的反馈没有做对,并对此进行改善。并且还要验证行动规则是否是"只要想做就能做到"的内容，如果不是，有必要进行修正。通过这张评分表能够发现各个环节存在的问题，并能够找到原因，及时修正。

再比如，如果行动方面没有问题，却没有取得中间成果，就要考虑改变行动规则的工作量或者行动规则的内容，促进中间成果的达成。如果现在的行动不能达成中间成果，就需要调整两个行动规则。如果采取了正确的行动，中间成果没有马上达成，就要考虑是否应该调整中间成果的内容。如果中间成果顺利达成，但最终成果没能达成，也要结合这张评分表进行相应的调整。比如可以改变中间成果的工作量、调整行动规则、改变中间成果或行动规则的内容等。甚至还可以根据想要达成的最终成果，追加设定中间成果或行动规则。

采用"介入式管理术"后，结果状态全部一目了然。

如果不使用评分表，领导者往往会按照主观感觉来管理，就无法归纳出具体的调整策略。因此，在采用"介入式管理术"时，请务必使用评分表。

以上就是采用"介入式管理术"的基本步骤。

想要更详尽地了解有关内容的读者，请阅读拙作《越是做出成

绩的领导者越不行动》（日文原名：結果を出すリーダーほど動かない）。此外，也可以在"介入式管理术"官网上免费下载相关的Excel 表格，欢迎大家使用。

领导者按照"介入式管理术"的流程来做，就能让下属按照要求做事情，并能够取得目标成果。"介入式管理术"的一大优势就是拥有持续性和再现性。为什么能够持续和再现呢？这是因为"介入式管理术"的原理也是形成价值观体系所必要的过程。领导者如果按照规律让下属旧有的价值观体系转变为新的价值观体系，就能够强化自己的管理能力。

下一章我将为大家介绍形成价值观体系的步骤及隐藏在"介入式管理术"中的价值观体系转变的作用。

第六章

如何通过"介入式管理术"
打造善于应对变化的团队

形成价值观体系的步骤一：
通过"介入式管理术"设定环境

在"介入式管理术"中，要以三个规则设定为基础，推进形成价值观体系的步骤。

在下属必须采取行动的环境下，介入式管理要求领导者设定下属的行动并介入其中，然后还要毫无遗漏地确认下属的行动。这样一来，下属就会从原本"没有人管理，不按要求做也没关系"的环境转变为"被要求做的事情会有人确认"的环境，于是便会行动起来。这里的关键点就是领导者必须介入到规定好的行动中。如果领导者怕麻烦，没有进行提醒介入、事后介入和累积介入，管理下属行动的环境便不存在，就无法促使下属采取新的行动。不能设定有效环境的领导者，无论什么时候都无法促使下属做出改变。许多参加了"介入式管理术"培训的领导者都能够通过设定行动规则、毫无遗漏地介入促使下属的行动转变。

　　参加过我的培训的人中大概有一成左右无法取得成果，这是因为他们都没有完成介入这一步。如果领导者自身都在找借口不完成介入，就无法打造一个行动管理的环境，下属自然不会做出改变。

　　在"介入式管理术"培训中，要求参与者必须将行动规则的实行状况（中间成果的达成状况）、介入的实行状况、反馈的实行状况记录在评分表中，如果有人没做到，讲师就会严厉地指出其问题所在。

　　虽然很多培训者起初可能并非出于本意接受培训，但他们按照讲师设定的环境开始行动后，就开始为下属设定能够改变行动的环境了。

形成价值观体系的步骤二:
通过"介入式管理术"引导行动

在环境设定前,即便让下属或团队采取了行动,很多人也无法按照预期去行动,所以必须引导其采取行动。关于这一点我在前面的内容中已做了说明。如果领导者对下属或团队的行动没有进行正确引导,那么下属或团队可能会做出出乎意料的行动。

在"介入式管理术"中,会使用介入规则和反馈规则来引导下属的行动。当然我们也不能忘记之前介绍过的权限。

领导者要毫无遗漏地确认下属是否采取了设定的行动。对于设定的行动,有的人能够按照规则去实施,有的人却不能。所以我们要毫无遗漏地进行确认,在确认后还要通过反馈来引导下属的行动。

基于行为分析学,引导行动的反馈设置了对对方有好处或没好处的反馈。反馈基本采用以下两种方法:

◎对对方有好处的正强化反馈——表扬；

◎对对方没好处的负强化反馈——批评。

通过介入和反馈，引导行动的宗旨只有一点，那便是"将行动引向进行到底的方向"。

首先，通过介入确认下属是否采取了设定的行动，是否做好了行动前的准备。对于采取了行动的下属，为了让他下一次也继续这样做，就要让他得到"好处"，即给予表扬的反馈。

其次，对于不按照要求行动的下属，排除特殊情况后，要给予批评的反馈。即便是要求某个行动必须完成，依然会出现下属或团队不去执行的情况。造成这个局面的原因正如之前为大家解释过的，他们为了守住过去的安全与安心领域而采取了与之前一样的行动。

在"介入式管理术"中，通过三个介入行为毫无遗漏地确认下属是否按照要求采取了行动，通常不会有"漏网之鱼"。由于设定的行动非常具体，下属就不会在不知不觉中做出与所要求的不一致的行动了。

对于下属的行动，领导者要经常进行确认，做得对就要表扬，做错了就要批评，通过这种方式直接让下属明白怎么做才有好处，怎么做没有好处。因此，下属的行动也会转向"按照要求做比较好"这个方向上。

如果领导者仅仅对下属的行动进行了确认，但没有对下属的行动进行评价，就会让下属觉得"我就算采取以前的做法也没有关系"。此外，如果下属没有按照要求去做，而领导者也没有给予正强化的反馈，那么下属就会认为"我没有按要求做也不会有负面评价，那么以后也可以不按要求做"。

在引导下属行动时，毫无遗漏的介入与介入时的反馈必须确确实实地完成。

选择行动的权限必须掌握在经理手里

在这里要明确的是之前提过的"经理的权限"。即便决定了要做的事情，如果选择行动的权限掌握在下属手里，那么下属会认为不按要求做也没关系。如果经理下达的指令非常模糊，让下属自行判断，那么下属就会按照让自己安全与安心的方式来行事。因此，选择行动的权限必须掌握在经理手里。

这里我所提的权限并非上司压榨下属或者让下属屈服，而是指完成一个组织的目标或发挥组织的作用所必需的行动权限。比如，餐饮店为了保证服务品质，为顾客提供微笑服务，这一行动属于这家店打工者的权限吗？在销售团队中，是否发展新客户可以由销售员决定吗（个人自负盈亏的销售可以排除在外）？上面举的这两个简单的例子具有一个共同点：如果权限不在经理手上，就无法完成组织的目标。

向上司确认自己的权限，将权限明确化

很多经理都没有意识到权限在自己手中，因此还试图恳求下属做事情。经理们总是很苦恼，如何才能让下属自发地采取行动呢？只要经理始终认为"下属可以按照自己的判断行事"，他的权限就得不到发挥，他的指示自然不会被下属接受。权限模糊不清就无法引导行动。为了改变这种局面，"介入式管理术"会帮助企业各级经理明确必要的权限。

为了让经理正确使用自己的权限，在"介入式管理术"指导中，如果是中层经理，就必须向上级请示可以设定怎样的行动，如

何采取行动，不能做出什么样的行动，如何给予评价，等等。这些都是确认经理权限的行为，大多数情况上级都会批准。也就是说，经理必须明确自己的权限。之后，经理便要对团队成员解释向上级汇报的事项，并与成员们达成一致意见。

经理经常会遇到比自己年龄大的下属，这时更要明确自己的权限。如有必要，还可以请高层经理帮助自己明确权限。身在一个集体中，就不能因为下指挥命令的人比自己年龄小或者是自己的晚辈、前下属而不听从指挥。

很多时候，在明确权限的时候并不会产生纠纷。这是因为在我们长年获得的价值观体系中，已经形成了服从上级安排的价值观体系。

只要没有极端的事情发生，下属就不会反抗。如果在明确权限时出现了很大的问题，那往往是因为行动的设定或指示本身有问题，是经理设定的内容出现了问题。如果经理滥用权限，采取了没有道理的行动，或者做出了超出权限的行动，那么上级和团队成员都会有反对意见。

形成价值观体系的步骤三：
通过"介入式管理术"使下属切实感受成功

如果通过环境设定引导出了正确的行动，接下来要做的事情就是让下属切实感受成功。下属做出某个行动后，如果能够感受到成功，就会形成新的价值观体系，并影响其之后的想法与行动。因此，在"介入式管理术"中要格外注意能够让下属或团队成员感受到成功的行动设定。

在设定行动时，要通过经理的权限与介入引导下属不要按照之前的方式行动。如果下属按照引导做出了行动，却没有获得任何好处，也感受不到成功，就会认为这样做无法获得安全与安心，产生适得其反的效果。他们会产生"我都这么努力了还是不行""我都做到这一步了，结果还是没成功"的想法。

从经理的角度来看，可能是为了让下属学习新技能而进行的必要训练。但在下属看来，这个做法已经濒临极限，继续做下去可能也不会取得什么成果，即便最初进行了尝试也会产生强烈的不安感，最终认定这种做法并不会带来安全与安心，而恢复原有的做法或朝着其他方向采取行动。为了防止这样的事情发生，必须设定能够让下属体验到成功的行动。

在"介入式管理术"中，是以能否执行规定的行动为轴进行评价的。之前也提到过，不论是否取得成果，只要下属采取了行动就要给予正强化的反馈。也就是说，只要下属做了规定的事情，就要表扬他。

下属也明白，自己虽然按规定做了，但没有取得成果。如果因为没有取得成果而让下属感到不安，那么这名下属就容易不再继续采取规定的行动。所以，首先要让下属在按规定行动这件事上感受到成功，要对他完成了规定的行动进行正强化的反馈。对于下属来说，这是一个很强的依据。"虽然没有取得成果，但是按上司的要求采取了行动就获得了肯定"这种价值观体系的形成，会使他今后选择"要按照规定去行动"的想法。

自由设定中间成果

中间成果其实只不过是个目标，是行动之后通常就能达成的目标。即便下属没有取得中间成果，领导者也绝对不可为此给予负强化的反馈。这是因为中间成果是为了让下属感受到成功才设定的。虽然最终成果无法改变，但是中间成果是可以自由设定的。因此，可以按照行动的结果适度调整中间成果。

当然，设定的中间成果必须与最终的成果有关，但在初期，中间成果更多的是为了让下属切实体会到成功。

比如，采取电话推销的行动时，可以将预约到客户作为中间成果，如果这个中间成果总是无法达成，可以降低难度。

比如将"确认到对方的部门和姓名"作为中间成果，也可以将"有多少次电话成功与对方交谈了1分钟以上"定为中间成果。

因此，通过调整中间成果，让下属感受到自己的行动能够取得成功是极其必要的。

行动后没有取得成果，给予下属负强化的反馈不可取

有时，也需要改变行动本身。如果下属采取了行动，却没有取得中间成果，那么就要给予正强化的反馈，而为了取得成果，就要改变行动本身。通过完成规定的行动获得上司的表扬，这种价值观

体系一旦形成，即便之后为了取得成果而改变行动，下属也能够继续采取新的行动。

在"介入式管理术"中，执行规定的行动的责任属于下属，行动之后没有取得成果的责任，也就是设定这个行动的责任属于上司。如果规定的行动本身有问题，就要对其进行调整。所以这时不能因没有取得成果给予下属负强化的反馈。因为关于是否取得成果的责任并不在于下属，而在于上司。

在前面的内容中给大家解释过，如果设定的行动本身错了，却对行动之后没有取得成果给予下属负强化的反馈，那么下属今后可能不会按照规定去做事情了。在"介入式管理术"中，为了让下属拥有成功的体验，要进行正强化的反馈、调整中间成果、修正行动规则。根据这些经验，下属就会获得下面这两种成功感受：

◎只要按照上司的规定采取行动就会获得好处；

◎只要采取规定的行动就能取得成果。

最终，新的价值观体系形成，并影响下属今后的思考与行动。

以上这些就是"介入式管理术"中所融入的价值观体系形成的

步骤。

"介入式管理术"可以改变领导者自身的价值观

"介入式管理术"是一种能够让下属将行动进行到底的管理方法。它不单单是一种管理方法，还是一种能够让下属的价值观体系转变的心理引导机制。因为形成了新的价值观体系，所以下属对于要采取的行动也会产生持续性和再现性。

此外，运用"介入式管理术"的领导者在引导下属的同时也会获得成功的感受，因此领导者的价值观也会转变。我在实际的指导中，首先会确认领导者的价值观体系，我能够更好地引导对方做出改变，但这个做法仅靠文字叙述很难掌握。

管理者如何做到正确地掌握眼前的状况

我已经为大家介绍了价值观体系的形成步骤，可能有人会觉得有些难。大家会觉得难，是因为价值观是一个肉眼看不到的东西。领导者如果无法正确地掌握眼前的状况，就无法找到问题，也就不能正确地引导下属或团队的行动。

我自己在实际指导中也曾迷茫过，不知该如何判断。通过大量指导，我发现一个简单的法则，只要按照这个法则做，就能够让团队的价值观体系发生变化。除了一些特殊情况，绝大部分情况都可以依据这个简单的法则成功引导团队成员的行动。接下来我将结合几个例子为大家介绍掌握眼前状况和解决问题的方法。

"处于可以不用改变行动的环境中"的解决办法

首先，我要为大家介绍在环境设定中能够轻松掌握眼前状况的方法。

很多时候我都会听到领导者抱怨团队或下属不听从自己的指示："我再怎么说他们都不听。""他们会找各种借口，就是不行动。""他们总是无法将行动持续下去。"这些烦恼大多都属于环境设定问题。我们可以把上述问题归纳为以下两种情况：

①**明明只要想做就能做到，却不去做；**

②**根本就没打算做。**

对于这两种情况，领导者必须再三确认后再次设定环境。如果下属属于"明明只要想做就能做到，却不去做"的情况，就说明设定的环境其实是"不做也可以"。

◎**即便自己不做也不会受到警告；**

◎**即便优先做自己的事情也不会有什么问题；**

◎**即便不做也没人知道。**

正是因为上面这三种思想还残留着，下属就会优先选择以往的做法。即便领导者再怎么警告或者认真监督，下属也会认为管理机能并没有得到发挥。很多领导者往往在这时就放弃了。

◎**我明明正确地下达了指示；**

◎**我明明认真进行了确认；**

◎**我明明警告了他。**

具有上面这样想法的领导者甚至可能怀疑下属的能力和性格。但在进行过众多指导的我看来，这些很快就放弃的领导者往往都没有注意自己做法上的漏洞。

"每天早晨和晚上都进行确认了吗？"

"见不到面的时候，打电话确认过吗？"

"是否让下属确认了下个星期的安排并进行了调整？"

"是否始终关注着下属的行动？"

每当我对他们提出上面这几个问题时，这些轻易放弃的领导者会这样回答我："我必须做到这种程度吗？因为我也很忙，所以这些事我希望能让下属自己做……"

于是，我便会回答他们："当然，必须做到这种程度。如果你

不去做，那么下属无论到什么时候都不会按照你的要求改变。"并

要求他们落实这些行动。

重新设定环境，毫无遗漏地管理结果

下属不听指挥的那些领导者，他们大部分都没有一直督促下属

完成所要求的行动，他们几乎都没有将环境设定为下属必须采取行

动的环境。

虽然价值观体系肉眼看不到，但是行动之后的结果却可以确

认。可以简单地认为"下属不采取行动是因为他们处于不用采取行

动的环境之中"。这就要求领导者首先改变自己的行动，设定必要

的环境。当然，一开始可能会出现无法顺利开展的情况，所以为了

能够经常确认行动结果，就要事先设定好环境。

"介入式管理术"通过采用评分表这种方式进行全面管理。如

果下属不能采取行动，领导者就改变管理方法和指导方法，并确认

下属的行动结果，在行动结果达到满意之前一直使"PDCA 循环"

发挥作用。如果每天早上和晚上无法进行确认，可以调整为中午确

认；如果有的下属不在领导者的监督下就不干活儿，就一直安排他

在领导者的眼皮子底下做事情。

如果按照这个简单的法则行动,却出现了下属或团队不行动的情况,那么只能说是领导者的责任。

"处于即便自己想做也做不了的环境中"的解决办法

有时也会出现"处于即便自己想做也做不了的环境中"的情况。不能正确地确认这种状态并做出相应指示的领导者本身也有问题。

在很多企业中,下属和团队要做的事情有很多。很多情况是,过去的错误做法导致工作堆积如山,下属即便想要开展新的工作也束手无策。这些人几乎都不会对自己过去一直做的工作和做法产生怀疑。这是因为他们已经形成了"此前的做法正确"的价值观体系。

因此,领导者有必要合理地安排工作时间,为下属设定一个想做就能够做的环境。

创设"只要想做就能做到的环境"

为了达到这个目的,就需要产生"必须消除做不到的理由"的

想法。而答案很多时候都是时间的使用方式。如果不能正确地掌握
时间的使用方式并进行修正的话，就无法消除做不到的理由。

想做却做不到的环境，很多时候都是由下列这三种情况造成的：

◎正在做无所谓的事情；

◎一直维持着浪费时间的做法；

◎优先顺序出现了偏离。

这些情况当事人往往难以察觉。这是因为当事人是按照原来的价
值观体系采取的行动，所以他自然认为这种做法会获得安全与安心。

我曾经指导过很多人，让他们通过创设出"只要想做就能做
到的环境"来取得最终的成果。在这里我为大家介绍一个相关的例
子。这个例子是我在上一份工作中经历过的事。

我在上一份工作中从事与销售有关的业务。29岁时，我被从名古
屋的事务所调到了东京。而我的前任在同一时间被调到了北陆地区工
作，因此我就接手了前任负责的客户。当时，调走的前任负责人和新
同事曾对我说："你要接手的客户都比较花时间，所以请你好好处理。"

因为被这样告知了，所以我挨个儿拜访了接手的客户，并整理

了他们的订货方式，然后开始处理自己的工作。当时，我接手了约
20 家公司的客户，应对每位客户的方式皆不相同，所以客户的接待
工作必须由销售员负责完成。

刚开始的一个月，我为了适应新工作，完全按照刚接手时确定
的方式开展工作。有一天，我看到旁边的销售员将 F 公司的一大宗
订单交给公司的业务员，让其处理。

出于好奇，我向那位业务员提出了疑问："为什么 F 公司的订
单不是由销售员完成，而是由业务员负责呢？"

那位业务员这样回答："因为这位客户会定期下订单，所以我
们与这位客户商量好按照固定的格式、商品和价格表来下单。这
样，即便销售员不在公司也能够接待这位客户。因此，我们才会在
没有销售员的情况下负责接单。"

于是我又问了一个问题："如果我跟我负责的客户协商后，也
能按照同样的方式由业务员负责接单吗？"

那位业务员告诉我："当然没问题。但是我听说山北先生接手的
客户都要求必须由销售员负责他们的订单，所以一直以来我们没法
插手。一开始我告诉您这些客户都比较花时间，也就是这个原因。"

听完这些话，我就联系了我所有的客户，并对他们表示："为

了提高服务质量，今后我们公司将设置接单窗口。这样做的原因是如果销售员正在与客户商谈或在外面跑业务，就无法及时回复您，会给您添麻烦。今后如果是定期的订单，按照这个流程下单，只要在营业时间内，我们的业务员就会迅速为您提供服务。"

之后我将公司业务员的联系方式和 Excel 表格的填写方式都发给了这些客户，便将接手客户的下单业务都转交给了接单窗口。

有几位客户对我表示："我们跟销售员下单，确实经常出现找不到人的情况，遇到紧急情况时总是很犯难。山北先生，您为我们做这些安排，真是帮我们大忙了。"

后来我才了解到，尽管公司有业务员协助工作的制度，但我的前任销售员却选择自己一个人做所有事情。所以业务员即便接到这位销售员所对接的客户的电话，也并不会询问客户的需求，而是直接让这位销售员给客户回电话。这样一来，商品的发货等都要等到这位销售员回到公司以后才能处理。正因为如此，这位销售员长时间加班就成了家常便饭。

此外，如果拜托公司的业务员来处理，只需要选择一般的快递就可以接单，但因为这位销售员的回复往往比较慢，所以还出现过亲自送订单的情况。有时，还必须选择成本较高的快递方式寄件。

由于一开始就是这种做法，在这种价值观体系的引导下，客户和公司员工都认为这种低效的做法是理所当然的。

我的前任销售员由于采用了这种做法，所以在接待老客户的事情上忙得焦头烂额，根本无法发展新客户，并以"太忙了"为理由，没有取得什么成果。而我则通过将现有的客户交接到业务员手上而确保了自己有足够的时间去发展新客户。调到东京工作两个月后，我的销售额就达到了前任销售员的目标销售额的一倍。并且与他相比，我的加班时间要少很多。

由于我取得的这些成绩，公司废除了由销售员负责接单的制度，除了老客户，新客户也必须由业务员负责接单。最终，全体员工都能够投入在提高销售业绩的工作上，并取得了极佳的成果。

在获得了这次成功的经验后，现在作为经营顾问的我在进行环境设定时依然采用相同的思路。

解决"因为没时间，所以无法展开新行动"这一问题的手段——行动计划结果确认表

很多时候，企业都会按照以前的做法开展工作，所以没有办法

挤出更多的时间，这导致员工无法开展新工作或改进自己的工作方式。

在我的上一份工作中，我的到来让公司注意到对过去的工作方式进行改进，在那之前并没有改进工作方式的原因是他们并没有觉得之前的工作方式有什么问题。

在我实施的"介入式管理术"中，我会要求领导者改善让员工有做不到的理由的工作环境。但是，并不是所有问题都像我上一份工作那样容易发现。在这里我会让接受"介入式管理术"培训的领导者使用一种手段来掌握员工时间的使用方式并加以改进。这个手段便是"行动计划结果确认表"。

这个手段要求对一周时间的使用方式和结果打分，然后通过分析这张表找出问题所在。只要使用这张表，就能够找到时间利用上的问题。

比如销售类的职业，通过这张表可以将路上花去的时间、制作预算和提案书的时间、接待顾客的时间、处理公司内部业务的时间、接受订单后附带接待顾客的时间、开会的时间等可视化。由此便能够发现"没有办法确保提高销售额的时间"的问题所在。于是，为了改善工作环境，就要推进路上时间的效率化、资料制作的效率化、与销售以外的员工分担工作等事宜，调整出能够直接提高销售额的时间，消除"做不了必要行动"的理由。

如果是系统工程师、设计、律师等员工，通过将计划工作的时间与实际工作的时间之间的差距、任务计划时间、应对特殊情况的时间等可视化，就可以重新调整计划时间、重新审视每一份工作自己是否擅长、集体内部任务量的平衡情况、特殊情况发生时的应对流程等。

上面这几种行业特别容易出现的问题，是将不适合的工作交给没有相应技能的人去做，造成的结果就是这个人在思考、查阅资料等方面花了大量的时间。只要向有经验的人问一下，或者领导者能够在业务开展过程中进行确认的话，就可以大幅度减少思考、查阅资料的时间，让工作更有效率地进行。

"行动计划结果确认表"还可以用于提高工厂或生产车间的效率。通过这张"行动计划结果确认表"可以确认每一台机器的工作时间以及某个操作人员的工作时间。这样就能够了解到明明人手充足，但是因为有些机器只能由特定的人来操作而导致的生产效率低下的问题。最终，工厂可以采取培训更多的人操作机器的一工多能化管理方式来提高生产效率。

为了设定能够行动的环境，需要把握两个简单的现状及其改善方法

如果现状是因为时间的限制导致员工无法开展新的工作，那么只要不改变这个环境，这个理由就会一直存在。因此，必须将由于时间的原因而无法做到的情况可视化，设定一个想做就能够做到的环境。

此外，即便有了想做就能够做到的环境，如果不做也无所谓的环境还残留着，便无法促使员工做出新的行动。

无论是哪种情况，只要过去的价值观体系还在发挥作用，下属就不会自己做出改变，这时就需要领导者把握现状，设定让下属能够做出行动的环境。

为了把握实际状况，我们总结一下可以轻松了解当下环境的方法。

◎只要想做就能够做到，但是却不做。

↓

没有设定必须做的环境。

◎ **即便想做也做不到。**

↓

改善存在做不到的理由的环境。

如果能够把握这两个简单的状况及其改善的方法，并且让
"PDCA 循环"发挥作用，就能够促使团队做出行动。

在环境设定中最重要的是正确把握行动结果。不论做不到的
理由是意识上的问题还是物理上的问题，主要因素和改善的提示都
暗含在行动结果中。所以，即便有些花时间，也要将行动结果数据
化，并对这个数据进行分析，找出问题所在。

善于应对变化的团队的领导者必须具备的条件

领导者必须具有的价值观体系

相信各位读者看到这里，对于价值观体系的形成步骤和使用方法已经有了更深的理解。如果领导者自身并没有形成能够应对变化的价值观体系，自然也就无法引导下属和团队。

在理解了价值观体系的基础上，第七章将为大家介绍领导者应具备的价值观体系。对于要让团队做出改变的领导者来说，有一种必须拥有的价值观体系。如果没有这种价值观体系，就无法引导自己的团队。

接下来的分析可能会让各位读者感到有些说教的意思，但我在这里提到的理论和经验都来源于实际工作，绝非纸上谈兵。

我要为大家介绍的并非假说或推测的理论，而是在实际工作中实实在在地让自己的下属或团队发生改变的领导者都做出了怎样的行动结果，他们又形成了怎样的价值观体系。

这些内容既包括在其他管理培训中也会听到的说法，也包括和

一般的说法不太一样的内容，但都是对一个领导者来说非常有价值
的内容。

是否拥有"让下属成长是自己的责任"这种价值观

下面，我有一个问题需要大家思考："你现在的团队和成员在10年后必须变成什么样呢？"对于这个问题，拥有不同价值观体系的领导者会做出不同的回答，同时价值观体系不同也会造成领导者在团队中所起的作用的巨大差距。

这个问题会得到各种各样的答案，很多倾注了大量精力培养下属的领导者会由此联想到另一个问题："我这个团队的成员在10年后会有着怎样的人生？"

比如有的领导者会想："A君现在35岁，已经有了一个孩子，可能还会计划要第二个孩子；如果他今后还要考虑买房，10年后他45岁的时候在我们这个团队就要做到×××职位，因为他的年收入不达到×××的话就无法维持自己的生活。为此，我们的团队必须有×××人，要不然就没法让A君担任那个职位。这样一来，我们就要保证营业额达到×××，团队的利益达到×××。如果是这样，A 君就要做到诸如 ××× 这类的事情，必须取得 ××× 这样的成绩，那么我该如何培养他呢？"

像这种将团队和下属的未来发展当作自己的责任的领导者，在他的价值观体系中就会有"为了实现下属和团队的理想状态该如何行动"的想法并付诸行动。虽然不同的人根据职位的不同可能想法的范围不太一样，但如果没有这种想法，就说明他不具有"守护下属的生活是自己的责任"这种价值观体系。

从来没有想过上述问题的人请试着思考下面这个问题："如果 10 年后自己的团队还是由这些成员组成，即便出现了行业差距，但团队的责任范围和产生的利润始终不变，成员的收入也没有变化，这样的状况能维持团队成员的生活吗？"

如果一个员工始终保持着刚进公司时不变的待遇，恐怕根本生活不下去吧。即便如此，依然认为"这些事情应该是社长和高层考虑的"，不考虑同一个团队内其他成员所需要的安全与安心的人，是不会感受到让下属做出改变的必要性的。比起今后下属会怎么样，这些人更希望现在不要有麻烦的事情落在自己身上。

我长年指导的一位公司社长每年都会在研修前对参加研修的人讲一番话。虽然这位社长每次讲的都是同样的内容，但我总会被这些话鞭策。

这位社长是这么说的："我认为企业的目标是持续生存下去。但为了生存下去就必须保障员工的生活。为了保障员工的生活，对于必要的人就必须给予必要的收入。如果这个机制不能发挥作用，就无法保障员工的生活。这是因为，人生在不同阶段都会需要钱。为了维持这种机制，企业就必须一直发展。如果企业不能一直成长，保证利润持续增长，这种雇佣体系就无法发挥作用。也就是说，企业为了生存下来必须成长。"

当我在研修联欢会上第一次听到这番话时，我向这位社长提了一个问题："今天非常感谢您的发言，最令我印象深刻的是您讲到的企业必须一直成长。但如果考虑到市场规模和销售范围，是不是企业的成长也是有限度的呢？"

对此，社长回答道："山北君，从理论上来讲可能正如你所说。但是我们公司上一任社长也是这么想的，而且他为了保障自己员工的生活一直努力让企业持续成长，这一切我亲眼所见，也亲身经历过。我原本并不是一个经营者，我也是大学毕业后进入这家公司一点一点做起来的。如果看到了市场发展的限度，就要尝试去做一些从未做过的事情，虽然可能会被别人说三道四，但是我们公司确实一直应对着变化不断在成长。虽然当初的市场环境可能比现在的更好一些，但是我觉得这件事现在也可以做到。我们集团成长为一家拥有 10 万名员工的大企业，而我担任社长的这家公司也拥有 1 万多名员工，我们一直在成长。因此，我认为至少现在依然可以保证企业的持续成长。"

从那以后，每次到这家公司培训我都很期待听到这位社长关于保证企业成长的讲话。每当听到社长的这番话我都会联想到自己的团队，并引发我深入思考："为了让自己的团队成长，我需要做什么样的事情？需要团队的成员变成什么样子？如何让他们成长？"

即便下属可以选择公司，也无法选择上司

持续成长这件事其实非常困难。我所在的组织有 15 人，而我的直属团队成员就更少了。即便如此，让组织不断成长，让团队持续成长也绝非易事。

一个拥有 1 万多名员工的企业社长依然在考虑企业的成长问题，并努力实现企业的成长，我思考自己所在的团队和组织如何保

证持续成长是理所当然的事。我经常以这样的价值观来考虑问题并做出行动。

我经常会对接受"介入式管理术"培训的领导者说这样一番话："我虽然不知道大家现在每个月挣多少钱，但是你们的下属应该比你们挣得要少。如果你身边的同事在 10 年后依然做着与今天一样的工作，领着不变的工资，处于和现在同样的环境中，你的下属还能一直干下去吗？你们现在已经处于管理层，可能觉得还好，但是你们的下属能够靠现状保障自己的生活吗？

"在当下，你可能不想尝试新的事情，能做的事情和取得的成果也比较少。如果 10 年后还是只做和现在一样的事情，你的下属还会觉得这种连能不能保障生活都不知道的状态可以继续吗？

"不成长、不改变的结果就是在无法保障自己生活的组织中和那样的领导者手下工作，作为下属实在是不幸。下属即便可以选择公司，却不能选择上司。

"作为上司，你的想法会改变下属未来的生活。出于这样的考虑，现在你必须考虑和付诸行动的难道不是让下属成长，让你的团队成长吗？"

我明白，讲这些话并不能让接受培训的领导者立刻就去改变下属的工作环境，他们还没有形成这种价值观体系，即便如此，我还是要讲这些话。因为只有领导者拥有这样的价值观体系，才能改变一个团队，这一点非常重要，所以必须讲在前面。虽然讲这些话不能立刻改变什么，但会促使这些接受培训的领导者深入思考。

<h2>依靠强大的意志对下属进行指导的原动力</h2>

一旦拥有这种价值观体系，领导者就会认为"下属的成长属于自己的责任"，便会在下属的成长中起到促进作用。也就是说，这种价值观体系已成为一种原动力。这样一来，即便下属很抗拒去做本应做的工作，提出抗议或一再推托，领导者也可以依靠强大的意志指导下属做出应做的行动。

反过来，没有形成这种价值观体系的领导者，只要面对下属的逃避和反抗，就会立刻放弃指导。这样一来，不论过去多久，只要有无法做到别人都能做到的工作的下属在，这位领导者都会认为是下属本人的责任。而做不到应做的工作的下属本人在这种被放任的状态下，会形成"做不到也无所谓"的价值观体系。如果没有出现极其偶然的环境变化，这位下属绝对不可能自己主动改变这种状况。

作为上司，你的价值观体系不改变，下属就无法成长。为了让领导者形成"让下属成长是领导者的责任"这种价值观体系，我会在我开展的"介入式管理术"培训中设定这样的环境：即便领导者自己取得了成果，也不给予好评。

很多时候，不称职的领导者多数因为无法从过去自身取得了成绩就会获得好评的价值观体系中抽离出来。因此，他们颇为看重自己取得的成绩，其他的想法与行动都会排在这之后。

对于领导者自己取得的成绩即便他再怎么努力也不会给予好评，只有在他让下属行动，下属取得了成绩后才会给予好评。这也是一种环境设定。如果领导者自己处于一种比起自己的成绩，下属取得成绩更能得到认可的环境中，他就会注重观察下属的行动并进行指导。

此外，在"介入式管理术"中，还要设定如果不管理下属的行动、不对他们进行指导就完不成工作的环境。对于给下属或团队设定的规则要每天进行确认，只要完成就进行表扬，如果没有完成就进行批评。每天都要反复进行这种操作。

不认为"下属的成长是自己的责任"的领导者经常会说什么

那些不认为下属的成长是自己的责任的领导者，也不会觉得管理下属的行动并进行指导是有必要的事情。因此，这样的领导者平时不会关注下属的行动并进行指导，对下属也不会做出"表扬或批评"的反馈。甚至可以说，这样的领导者是通过不管理下属的行动、不对下属进行"表扬或批评"来获得自身的安全与安心的。

这样的领导者往往会提出这样的问题："如果对下属的行动管得过严，难道不会引起对方的反感而拒绝行动吗？我觉得，如果不能让下属自主地采取行动，就无法顺利取得成果。为此，我认为需要下属自己充分理解要做的事情。"

如果有上述言论的领导者所率领的团队能够取得成果，那么我不会做过多评价。但是这样的团队大部分都无法取得成果。

我能够理解这些领导者为何会有这样的言论。那是因为他们具有下面这四种价值观体系：

◎管理下属的行动太不容易了；

◎不想做"表扬或批评"这种之前没有做过的事情；

◎**不希望下属反对自己；**

◎**不想做不知道能否取得成果的新行动。**

也就是说，这些价值观体系与能否取得成果无关，而是领导者自身不想改变目前的环境。这种情况下，我并不会立即反驳这些领导者的言论，试图让他们理解我说的价值观体系。他们必须形成这种价值观体系，才能对此做出正确理解，光靠我口头的解释是无法让对方信服的。

正因为明白这个道理，所以我让参加"介入式管理术"培训的领导者确认他们的下属是否按规定完成了应做的工作。当下属完成了规定的任务时便表扬，没有完成时便批评，这些反馈也全部都有规则。我为这些领导者设定了必须做这些事情的环境。

培训中，不论哪位领导者取得了怎样的成果，只要他没有介入下属的行动，采取"表扬或批评"的做法，等待他的就是严厉的批评。我不会听他们的借口，他们不得不按要求完成。

随着行动的开展，下属成长了，团队取得了成绩，领导者自身也形成了新的价值观体系，随之，他的言论与行动也会改变。于是，一个拥有能够让团队成员成长的价值观体系的领导者便诞生了。

摒弃"自己过去吃过苦就不希望下属再吃苦"的价值观

有一个问题希望大家思考一下："为了改变下属的行动，你会设定怎样的环境？"

如果下属做出这个行动却没有取得成果，就无法产生新的安全与安心领域，也就无法形成新的价值观体系。

让下属形成新的价值观体系就意味着要让他放弃现有的安全与安心领域，这对下属来说可能是一种暂时的痛苦。当然，如果设定的环境会使下属感到痛苦，那么这个行为也就没有意义了。但是，保持原有的环境与行动不变，在完全不给对方造成心理负担的情况下是很难让其改变的。领导者自身对曾经经历过的价值观体系的形成，以及克服困难的必要性是有所了解的，自然明白虽然会让下属有些辛苦，但是设定环境还是非常有必要的。

很多领导者都拥有"自己过去吃过苦就不希望下属再吃苦"的价值观。这种想法从根本上就是错的。如果是在社团活动中曾长期存在前辈对后辈的霸凌行为，那么在自己这一代绝对不再做是可以的。但如果是在足球或篮球社团中，因为怕后辈吃苦而不让他们进行能够提高耐力的跑步训练，这种做法就错了。

有些体育项目要求选手能够在一场比赛中全程跑下来，选手必须拥有这种耐力。所以即便觉得后辈训练很辛苦，平时也要让他们做跑步训练。当然，这些社团的前辈最初进入社团时也曾被强制进行跑步训练来增强耐力。应该很少有人可以轻轻松松、毫不辛苦地完成耐力训练。

在设定环境的时候，自然要摒弃那些错误的选择。即便是自己曾经经历过的辛苦或是不如意，如果是必要的，那么也应该为下属设定这样的环境并让其付诸行动。在形成"下属的成长是领导者的责任"的价值观体系的过程中，即便下属会感到痛苦，领导者也要为下属设定这个环境，并帮助其渡过难关。

如果一个领导者具有"为了保障下属的生活，自己必须让下属成长"的价值观体系，他要做的就是改变下属的环境，引导其行动，帮助其形成新的价值观体系。

是否拥有完成组织目标的价值观

当我前往某个公司对领导者进行培训时，总是能遇到不具有"完成组织目标"这种价值观体系的领导者。当然，这个世界上并没有绝对的事情，即便有这种价值观，也有可能无法在期限内完成组织目标。但我认为只要拥有了这种价值观体系，就绝对能够完成组织目标。

拥有这种价值观体系的领导者与没有这种价值观体系的领导者之间在思想与行动上具有明显的差异。没有形成"完成组织目标"的价值观体系的人，只能在现状范围内考虑事情。

◎以现在的客户基础，是无法提高营业额的；

◎在如今的市场环境下，无法筹措更多的资财；

◎现有的团队成员不具备超越当下的能力；

◎现在的设备只能做到这种程度。

像这种从"现在做不到的理由"开始思考的人，并没有形成要完成上级规定的目标的价值观体系，他们的价值观体系是"做能够维持现状的事情"，所以他们只会在现有的环境、安全与安心领域中继续行动。对于他们来说，采取新的行动就无法保障现有的安全与安心领域，所以他们不会更多地考虑其他。

无法理解高层的方针而仅以自己的价值观行动的领导者

下面我为大家介绍在我做过的一场培训中遇到的案例。

B 科长在一个印刷公司担任由 5 个成员组成的团队领导者，他按照社长的指示参加"介入式管理术"培训。当时，在"介入式管理术"培训中，公司要解决什么问题是由听讲的领导者决定的。这位 B 科长认为"需要削减加班的时间"，于是便制订了一个削减加班时间的计划并开始推行。

培训的第二个星期，B 科长所在公司的社长联系我说："在 B 科长的事情上我有些犯难，希望能跟您商量一下。"于是我便拜访了这家公司的社长。

当时，社长有些生气地表示："听说参加了山北先生培训的 B

科长在上次的培训结束后，将需要解决的问题定为削减加班时间，这是不行的。他的团队去年刚刚成立，而且还要开展新的业务，所以必须按照预算来做。但 B 科长却对这件更为重要的事情置之不理，而向我报告打算削减加班时间。关于削减加班时间这件事情，我们从去年就开始做了，现在已有所改善，所以这不是当务之急。现在最重要的是将新的业务成功做起来，但是为什么 B 科长不选择这个目标呢？山北先生，虽然现在已经到了培训的中期，但是能否请您换掉 B 科长的目标呢？"于是，我便按照社长的要求改变了目标，今后 B 科长要做的是努力开展新的业务。

随后，我向这位 B 科长询问了情况，他告诉我："因为我听说可以自己选择要做的目标，所以我就选择了自己觉得最重要的一个需要解决的问题。当然我也认为开展新业务很重要，但是这个业务刚刚起步，对于该从哪儿下手去做还处于调研阶段，而且我认为以我现有的团队很难开展新业务。所以我才选择了解决加班问题的目标。"

由此我们可以看出，这件事的问题出在 B 科长身上，他并没有理解上级的方针，擅自开展了行动。

在这个案例中，公司社长对新业务的开展非常重视，而且曾多次向 B 科长提及新业务开展的方针。B 科长缺乏服从上级的方针、完成上级布置的任务的价值观，他认为"在现有的状态下做不到上级布置的任务"，所以他才会搞错发展新业务这件事的优先顺序。如果社长没有及时发现这次事件，就可能一直放任错误的目标发展下去，极有可能导致投资的失败。

时刻明确自己的目标与责任

在有些企业中，会存在与高层领导共同制定战略、战术的经营企划部门。如果一个在团队中负责实际指挥的领导者不能按照上级的方针完成应做的目标，就不会有正确的行动。即便采取了行动，还是会在过去已有的安全与安心的范围内思考，而无法完成上级布置的任务。也就是说，如果一个领导者认为"随便做一做就行了"或者质疑上级布置的任务，那么高层领导制订的这个计划无论实行的可能性有多高，都不会被正确地完成。

另外，能够按照上级的方针完成上级布置的任务的人，绝对不会搞错优先顺序。他们的价值观会让他们在充分考虑过该如何做才能实现目标之后再行动。

拥有两种不同价值观的领导者，他们思考与行动的差距一目了然。事实上，拥有两种不同价值观体系的领导者都会考虑到"做不到的理由"。即便找到了做不到的理由，拥有完成目标的价值观体系的领导者也不会就此停止思考，他们会深入思考做不到的理由，并且会考虑如何做才能将"做不到"变为"能做到"。

为了将"做不到"变为"能做到"，首先要考虑到以采取与之前不同的行动为前提，其次要考虑到现在无法立刻就做到，然后还要考虑到在什么时候要怎么做才能够完成目标，之后再付诸行动。即便在此期间又出现了其他问题，这些领导者也能够重复上述的思考过程。即便他们面对的是以前从未做过的工作，他们也能够通过不断调整、改进，引导出不断向前推进目标的思考与行动。

二者的区别一目了然，即：是否认为可以不用履行责任；是否认为必须履行责任。拥有不同的价值观体系导致二者采取的行动朝着截然不同的方向推进。

如果一个领导者已经形成了前面为大家介绍的"如果不成长就无法生存下去"的价值观体系，就会对维持现状的做法感到不满。

是否做到了抛弃带有
主观愿望的推测而拥有深入思考的价值观

很多人都具有必须履行责任的意识。但从一个经营顾问的立场来看，我很想警告这些人，这种意识还远远不够。这种意识很多时候都是领导者对公司的发展前景带有主观愿望的推测，所以想法往往比较简单。一般来说，这种情况都发生在嘴上说着"我们必须达成目标""必须履行责任"，却无法正确地掌握实际情况，无论做什么事情都从以往的能力范围去思考，并没有从履行责任的角度去思考和行动的领导者身上。

通过下面这个案例，我们就能够了解带有主观愿望推测的领导者具有什么样的特性了。

A公司是一家经营着诸多销售项目的食品贸易公司，营业部部长根据必要的营业利润推导出销售费用和一般管理费用，并大致计算了一下公司的收益，于是下达了一个营业额目标。营业部部长希望将多个项目的营业额目标分解出来，开展为期一年的商业活动。很多企业都是这样设定营业额目标的，所以这样做本身并没有问题，而在这之后的做法中却出现了一个巨大的漏洞。

这家公司对直接面向个人的商业营销、直接面向法人的商业营销、面向个人的网络销售、面向法人的网络销售等每一项服务都规定了营业额目标。这家公司的项目大致分为 15 个，公司计划将每一个项目的营业额目标都设定得比上一年提高 5% ~ 10%。通过这些小目标的累加，高层领导下达了公司的整体目标，这样做本身也没有任何问题。但接下来，当涉及究竟是谁要对这些项目负责，又要如何开展营销活动才能达到营业额比前一年提高 5% ~ 10% 的目标时，一个巨大的问题暴露了出来。

在 15 个大项目中，营业额占 80% 的 9 个项目都分配了业务负责人、销售负责人或市场营销负责人，也规定好了这些项目的发展方向。但对于占营业额 20% 的其他 6 个项目，既没有分配责任人或负责人，也没有制定相关的策略或行动方向。

我对这 6 个项目也要做到比上一年提高 5% ~ 10% 的营业额目标感到非常吃惊。我一开始猜想，或许这样做的原因是市场环境足够良好，即便不用人为的干预也能够达成目标，于是我就去确认这

6个项目过去5年的营业额。然后我发现这6个项目在过去5年中呈现的是营业额减少的倾向。我赶紧召开了包括高层领导在内的会议，提出在目标设定上存在的问题。

"为什么对于营业额每年不断减少的这6个项目要设定提高营业额的目标呢？为什么既然设定了提高营业额的目标，却没有为这6个项目分配负责人或者制订发展方案呢？对于这6个项目，因为市场环境或企业本身的问题，调整了优先顺序或资源分配，这是没办法的事情。但一个营业额不断减少的项目，在不分配负责人、不制订发展方案的情况下别说完成目标了，可能就连维持上一年的营业额都很难做到。这样一来，即便其他9个项目都完成了目标，从总体来看依然不能完成总目标。如果要发展这6个项目，就要分配好负责人并制订好发展方案。如果对这6个项目什么都不做，就必须通过提高另外9个项目的营业额目标来完成总目标。现在的这个营业额目标，不太可能实现吧？"

对于我的提问，营业部部长回答道："这个营业额目标是依据往年的营业额设定的。确实现在这6个项目的经营遇到了困难，但对于已经决定了负责人的另外9个项目，我们已经制定了提高5%～10%营业额的目标，在此基础上再提高恐怕很难完成。每年我们都是这样设定营业额目标的。目标必须完成，我们一定会拼尽全力。"

听完这番话，我感到这家公司领导者的价值观出现了巨大的偏差。这个领导者的价值观体系所引导的思考完全是主观的。虽然他本人嘴上再怎么说会努力，但实际并没有做到为了履行责任而必须做出的行动。

为了达成目标，很多时候领导者考虑的并不是如何开展工作，而仅仅是设定一个不切实际的数字而已。

无法应对变化的领导者的价值观、思考、言论、行为的特点

虽然这个例子有些极端，但是具有类似想法的领导者却不在少数。陷入这种价值观的领导者在过去往往都有过以下两种经历：

◎被市场拯救而常年保持着安定；

◎即便没有履行在组织中应承担的责任，对自己也不会造成影响。

这样的领导者都处于没必要改变自己价值观的环境之中，以前

没有出现任何问题，所以也就没有打破安全与安心的领域。一旦需要他们自己思考并行动，履行应有的责任时，他们就无法应对环境的变化了。对于瞬息万变的市场环境，这类领导者可以说是无法应对的。

拥有这类价值观的领导者在思考、言论和行为上都有以下几个特点：

◎ **无法正确认识自己与组织的责任；**

◎ **无法认识自己与组织要履行的责任与现状之间的差距；**

◎ **没有意识到产生这种差距的问题所在；**

◎ **找不到问题产生的主要原因；**

◎ **不去寻找解决问题的方法；**

◎ **不为组织制订新的行动计划；**

◎ **对于组织的成果与行动不进行管理；**

◎ **不打算改进。**

如果长期在某个组织工作，并且居于一个安稳的职位上，渐渐地就无法再做到为了履行组织责任而必须做到的事情了。

请大家务必结合案例与这些特点，检查一下自己的思考与言论是否存在问题。

通过成功案例，
学习打造善于应对变化的团队的方法

打造善于应对变化的团队的方法

在第八章，我将结合几个成功的案例为大家介绍打造善于应对变化的团队的方法。

无论面对怎样的环境，都能够顺应变化开展工作，说明这样的团队曾经成功地形成过新的价值观体系，而价值观体系的形成过程也是按照前面为大家介绍的步骤展开的。

在这里再为大家梳理一遍价值观体系形成的步骤，这样便能更好地理解接下来的案例了。

①打破以过去的价值观体系保障下的安全与安心领域（新环境的出现）；

②避免不舒服的状态出现，获得新的安全与安心（行动的出现）；

③维护新行动下得到的安全与安心领域（价值观体系的形成）；

④由新价值观体系带来的思考与行动。

环境设定、行动引导、体验成功正是形成价值观体系、获得新的安全与安心领域的方法。接下来让我们分别看几个应对变化、形成新的价值观体系的团队。

案例一：团队成员自主想出来的团队建设法

因为工作的关系，每年我都会接触到许多企业领导者，也会听到一些领导者对我说："我的员工不会主动思考，他们总是等着我的指示，如果我不说他们就什么也不会做。"可以想象，这是因为他的员工的价值观体系是"我可以不用思考""我最好不要自己思考"。

如果一直以来下属都是按照领导者的要求去做事情，而从来不自己思考，那么即便要求他们自己思考，他们也不会采取无法获得安全与安心的新行动。不论这样的员工具有哪种价值观体系，都需要为他们设定新的环境和行动，并让他们体验行动之后的成功。

接下来为大家介绍一个在领导者的指导下团队成员变得自主思考的案例。

C公司是一家杂货厂商，他们公司的D科长参加了"介入式管理术"培训后取得了成功。

D 科长的团队是负责新商品研发的企划部门。在这个部门，一直以来的工作模式都是老员工负责提出商品的创意，而新员工则负责打下手帮忙。

但一件新商品的研发并不只有创意，还需要做选定材料、计算成本、设定销售目标、设定盈利目标、预测目标客户、制定销售渠道等各式各样的工作，环环相扣。一直以来这个部门都采取由老员工指挥，其他员工辅助的方式开展工作，造成的结果就是，在这个由 10 人组成的部门中，只有 2 名老员工能够自主开展研发工作，其他 8 名员工只能做被交代的工作，无法自主开展研发工作。

上级要求 D 科长完成营业额任务，并要求这个团队每年要增加新产品的发售数量。于是，D 科长规定了每个团队成员一个月要完成的商品研发数量，并要求团队成员必须执行这个任务。以只有 2 名老员工可以做产品研发的现状，是无法完成上级下达的任务的。

我询问了员工们的真实想法，他们告诉我："即便想出了新商品方案，但上级看过后，会发现许多不足之处，上级会指出我设计的商品不现实的地方，因此我觉得这份工作对我来说还很难。""自从进公司我就一直在打下手，完全没有做商品研发的经验，我都不知道该如何开展工作。""现在老员工经常找我帮忙打下手，我根本没办法做自己的研发工作。"大家都想按照以前的方式继续工作。

因为无法很好地增加产品的研发数量，D科长非常烦恼。我向他提出这样一个建议："对于8名新员工，要减少他们现在的工作量，安排他们思考新商品的研发，并给予他们适当的环境。然后再按照流程指导他们的工作。"

D科长据此制定了这样的工作内容：

◎ **大幅减少老员工的研发数目标，禁止老员工求助于其他团队成员；**

◎ **其余8名成员先不用考虑做完整的企划案，从提出创意开始设定目标；**

◎ **老员工要帮助其余成员落实有可能成功的商品创意。**

由于环境设定的变化，8名团队成员不需要再继续帮助老员工做事了，他们有充裕的时间思考商品的创意，顺利地开始了研发工作。此外，这里要求他们做到的并非一个完整的企划案，只是要求他们先提出创意，所以做不了完整企划案的理由就行不通了，那么这些成员接下来就需要专注地去想新商品的创意。再加上8名团队成员想出的创意，有经验丰富的老员工帮他们把关，就不会出现因为创意不切实际而开展不下去的情况。

因为所处的环境从原来的"不需要自己思考"转变成了"必须靠自己思考推进工作"，因此大家都开始认为自主思考、开展工作是理所当然的事情。虽然一开始很少有商品能够最终走向市场，进行销售，但渐渐地，他们设计的商品开始成功发售，这样的成功促使团队成员新价值观体系的形成。

起初，这8名员工对于发售的商品是否卖得好并不上心，他们更多的是在不断地提出商品企划创意。渐渐地他们提出的创意得以落实并成功在市场上销售后，D科长便将销售数据和从销售员那里得到的反馈拿给这些团队成员看，并下了"请根据现在的销售数据，设计出更能提高营业额的企划案"的指示。于是，受到鼓舞的团队成员不但主动去看销售数据，还会亲自跑到销售现场去掌握情况，了解最新动向，并渐渐能够提出成熟的企划案了。

此前只能为2名老员工打下手的8名团队成员经过这一系列训练，获得了成长，他们开始自主地分析销售数据、顾客需求，掌握销售现场情况等，并能够做到结合销售目标设计企划案，推出新商品。

这个成功的案例告诉我们，虽然D科长和2名老员工曾经经历过一段比较艰辛的时期，但通过改变工作环境和工作模式，成功地引导了 8 名团队成员的行动。

虽然公司也曾有人表示"根本不知道实际上到底要花多长时间来培养员工""如果因此造成产品的品质下滑，就会影响业绩"，但是 D 科长和这个团队的 2 名老员工却认为"下属的成长是自己的责任"，并选择为了将来而做出改变，这也是他们能够成功的一个原因。

D 科长根据环境设定、行动引导和体验成功，成功地让团队成员形成了"通过自主思考与行动，获得安全与安心"的价值观体系。

案例二：团队成员能够互相帮助的团队建设法

接下来为大家介绍一个在团队内部互相帮助的团队建设的成功案例。

我所属的公司是专门做销售咨询顾问的。一直以来，我虽然利用"介入式管理术"帮助过销售以外的企业进行改革，但更多的还是参与销售团队的支援。在各种支援活动中，我感受最强烈的是：时至今日，销售们仍然是一个个独立的个体，仿佛个体户一般在工作。在很多组织内部，大家都对别人的工作不感兴趣，也不分享彼此的做法，几乎称不上一个集体。这是因为对销售的评价往往只看其个人的业绩，所以就会形成"只要自己的目标完成了就可以"以及"因为没法帮自己提高业绩，所以就不用帮助团队中的其他人"的价值观体系。

在某家人才派遣公司，由于团队成员不能互相合作，公司经常出现损失。

　　人才派遣公司的营业员有两类客户，一类是有招聘需求的公司，一类是求职者。营业员的业绩是通过将有招聘需求的公司与求职者匹配起来而完成的，经常会出现手头有条件很好的有招聘需求的公司，却没有能够匹配的求职者的情况，只能继续寻找合适的求职者。开出很好的条件的有招聘需求的公司往往急于找到人手，当然不会只找一家人才派遣公司，甚至可能会找竞争对手的人才派遣公司。结果就是，这个营业员手头暂时没有能够匹配的求职者，就要花费时间去寻找，而在这期间竞争对手已经提供了匹配的求职者，于是就损失了一次机会。

　　可能很多人读到这里已经想到，在同一个团队中即便自己手头没有匹配的求职者，但可能其他团队成员手头有。在这种仿佛个体户一般的工作状态下，人才派遣公司的员工之间并不会互相通气，交换有招聘需求的公司和求职者的信息。

　　这家公司的领导者参加了我的"介入式管理术"培训，他对公司内部大量出现的机会浪费现象感到十分生气。由于不能改变评价营业员业绩的标准，他对该如何解决团队内部信息不能互通的问题颇为苦恼。

　　于是我与这位领导者商量，规定员工今后必须将负责的招聘信息每天都上传到公共服务器上。此外，每天早上还要拿出一定的时间比照整个团队拥有的信息，即便是别人手里的有招聘需求的公司，如果觉得自己手里的求职者有机会应聘到，也要进行匹配。

很多营业员一开始担心自己手中条件较好的有招聘需求的公司会被其他团队成员抢走而影响自己的业绩，特别是很多老员工认为："以后有的营业员很有可能只寻找求职者，那他们岂不是毫不费力就能提高业绩？"这就出现了一些人隐瞒自己手中条件不错的有招聘需求的公司信息的行为。对此，领导者对这些人表示"这都是互帮互助的事情"，并坚持继续推行新做法。

虽然老员工一开始担心自己的客户会被新员工抢走，但事实上是新员工带来的有招聘需求的公司更多，帮助老员工手头的求职者找到了工作。

这样的状态持续了一阵子，后来老员工的行为也改变了。他们为自己曾经自私的想法感到很愧疚，不光主动介绍条件不错的有招聘需求的公司，还主动帮助总是无法顺利匹配客户的两个年轻员工。

一位年轻的员工对我说："因为我经验太少，所以即便条件合适，我也总是无法让双方匹配。虽然我知道必须提高自己的业绩，但如果我是拖后腿的那个人，那么我希望让老员工通过提高个人业绩来提高公司整体的业绩。"

对于年轻员工这样的行为，老员工认为："他们给予了我这么多帮助，我要帮他们提高业绩，不然就太不好意思了。"

这个案例展现了员工从原本只考虑自己的业绩而采取行动的价值观体系转变为通过与他人合作而成功提高双方业绩的价值观体系，是一个颇为成功的案例。

虽然这个案例有些特殊，却很容易让我们理解团队内部互助合作的重要性。这个案例的关键是："团队成员通过互帮互助，体会到新的安全与安心，并在集体内部形成新的价值观体系。"其他组织完全可以借鉴此案例中的做法，使团队成员之间能够互帮互助。

案例三：使"PDCA 循环"能够正常运转的团队建设法

曾经有位经理向我求助：他的团队内部无法顺利开展"PDCA 循环"，事情总是半途而废，开始的事情根本没有办法坚持到最后。比如在内部会议上，总是在报告完结果后就结束了会议，根本走不到提出改善方式的流程。

接下来我为大家介绍一个从这种困境中成功挣脱，顺利在团队内部开展"PDCA 循环"的案例。

一个经营办公用品销售代理店的公司科长对自己的员工无法发展新客户感到很苦恼。他将在"介入式管理术"培训中学到的"销售行动设定"及其相关做法落实到了各个员工身上，但始终没能取得很好的效果。

有一天，这位公司科长将在"介入式管理术"培训中使用过的训练带到了自己团队的会议中。而这个方法最终帮助他在团队中顺利开展了工作，让"PDCA 循环"运转了起来，并取得了成果。

这位公司科长在"介入式管理术"培训中进行的训练如下：

在"介入式管理术"的指导中会反复进行一个名为"PDC/A 会议"的讨论。在"PDC/A 会议"中，参加培训者首先要向其他听讲者汇报在培训中心设定的活动内容，也就是要向其他人汇报"PDC"这三个方面的问题。

◎ P：自己的目标和责任是什么（数值目标）？

◎ P：为了完成目标，设定的中间成果是什么？共设定了多少目标？

◎ P：为了完成中间成果，要设定什么样的行动？必须在什么时候完成多少？

◎ D：行动结果（设定目标和实施结果之间的差距）。

◎ D：中间成果（预期结果与实际结果之间的差距）。

◎ C：行动上的问题与成果上的问题。

可能大家已经注意到了，在"PDC/A 会议"上是不对如何改善问题的"A"进行汇报的。很多"PDCA 会议"都会将最后的改善策略发表出来，但是在我的这个训练方式中，是希望其他的听讲者能够按照"PDC"向发表者提问，训练其思考改善策略的能力，因此即便发表者对于改善问题的策略有想法也不能发表出来。

我会让发表者提问："对于我这个问题该怎么解决呢？"剩下的就强制性地交给其他听讲者来完成了。这个训练的目的是让听讲者形成"改善下属的问题是领导者的责任"这种价值观体系。

然后，要求听到了发表者汇报的"PDC"的人提出 10 个改善问题的想法。这些听讲者来自不同的公司，互相之间并不清楚具体的情况。很多人都有"我什么也不清楚，不能乱说"这样的价值观，所以一开始总是很难推进训练内容。因为训练中强制要求听讲者必须给出 10 个想法，即便自己不太懂发表者的问题，随着提问的反复，听讲者也会思考解决对策。

此外，由于全员都有机会站在发表者的立场，所以能从别人那里收获到不同想法与经验。

培训期间会反复进行很多次这样的训练。很多听讲者跟我说，他们采用了其他听讲者提出的想法，最近取得了成果。到最后，听讲者之间会互相道谢，即便是一开始很难接受他人意见的人也逐渐转变为主动寻求他人的意见和想法，并积极给他人出谋划策。

这个训练能够让这位公司科长所率领的团队中无法取得成果的

成员主动提出想法并进行实践，正如刚才所说的，这位公司科长所做的是改变之前开会的方式。之前，这个公司的会议都是由公司科长汇报现状和数据，对于个人成果也是由公司科长确认完成的。之后，这位公司科长将"PDC/A 会议"的方式完全运用到了公司的会议中。在每两个星期召开一次的会议上，每个销售都会将自己的工作、行动、成果和自己考虑的问题发表出来，然后与其他同事讨论解决策略。最后再根据团队成员提出的想法决定下两个星期的工作内容。每一次会议都是这样的循环。

开会的时候并非某个团队成员或领导者一个人参加，而是团队全体成员一起思考解决方案，确认实践结果。这种做法的反复使用，使问题解决起来更加顺畅，改善方式能够持续下去。

这位公司科长告诉我，现在他的团队不论是年长者还是年轻人，不论是否有经验，都能够一起探讨问题，考虑解决方案。

如果能够设定出让团队成员必须运用"PDCA 循环"的环境，让大家看到运用后的结果，并引导团队成员的行动，那么团队成员就能够形成开展"PDCA 循环"的价值观体系。

　　很多书或者研讨会都声称："我们改变不了他人，但是可以改变自己。"但我不这样认为。我认为，反而是改变自己非常困难。事实上，即便我们自己希望改变、获得成功，也几乎不可能仅靠改变自己的行动取得成功。

　　我并不是说在我的人生中没有改变过想法、没有改变过行动。我可能比大多数人改变自己想法、行动的次数都多，拥有可以称得上成功的经验。虽然不能说取得了多大的成功，但是我曾经作为一名音乐人出道过；我的上一份工作是在大公司富士通工作；我还曾经为 NTTDocomo（日本一家电信公司）、松下、朝日新闻这些著名的大企业进行过指导，担任过大型金融机构的智库，为日经新闻社的高层领导做过咨询顾问。现在，我成为参与经营的董事。这本书已经是我的第三本著作了。客观回顾我的人生，也可以说取得了成功，我在此过程中也都有着正确的思考与行动。

　　我能够顺利改变自身的想法、行动，走到今天这一步，要感谢我的恩师们。恩师们为我创设了不得不改变的环境，并且总会在我将要回到原状的时候严厉地给予指导。

　　当然，在不得不改变自己的想法与行动的环境中，我曾经总是感到痛苦与不安，但是在被迫采取行动并取得了成果后，我形成了新的价值观体系，而这个价值观体系引导我走向了成功，取得了今天的成就。

　　这绝对不是靠自己就能够达到的境地，大部分都是别人改变了我。正是从自身的经验出发，我才认为"人是不可能自己改变自己的"，并且"人只有受到他人的影响才能改变"。而这个他人可以是父母、兄弟姐妹，也可以是朋友、前辈、上司、老师，还可以是崇拜的艺人、有名的商人或者过去的伟人。虽然每个人的情况各不相同，但大家大部分都是在受到别人的影响后才形成了新的价值观体系。

　　可以说我是个运气特别好的人。因为我遇到了能够促进我成长并影响我逐渐走向成功的恩师，而身处的环境也有利于我不断改变自己。但遗憾的是人无法操控自己与谁相遇，有怎样的关联，受到怎样的影响。

　　如果真的像很多书中说的那样"我们改变不了他人，但是可以改变自己"，就会有更多的人拥有自己想要的人生吧。事实却并非如此。这恰好说明人需要受到他人的影响才会逐渐走向成功。

　　通过我的经验，我希望引导身边的人形成能够带来成功的价值观体系，虽然可能会让对方一时感到辛苦与不安，但我依然希望能够帮到对方。希望能有更多人拥有我这种想法。当你想到会影响你的员工、下属、后辈、孩子等身边重要的人时，请指引他们走向成功。

如果你能够利用本书介绍的方法，为你的团队带去变化与成长，为你珍重的人带去安全、安心与幸福，作为作者的我将无比开心。

2018 年 12 月

山北阳平